四库存目

青囊匯刊 ②
青囊海角經

［晉］郭璞◎撰　鄭同◎校

華齡出版社

责任编辑：薛　治
责任印制：李未圻

图书在版编目（CIP）数据

四库存目青囊汇刊. 2／（晋）郭璞撰；郑同校. —北京：华龄出版社，2017.4
ISBN 978-7-5169-0943-0

Ⅰ. ①四… Ⅱ. ①郭… ②郑… Ⅲ. ①《四库全书》—图书目录 Ⅳ. ①Z833

中国版本图书馆 CIP 数据核字（2017）第 064867 号

声明：依据《中华人民共和国著作权法》及《中华人民共和国著作权法实施条例》，本书整理者依法享有本书的著作权。未经我社及整理者许可，不得以任何方式翻印本书。

书　　名：	四库存目青囊汇刊（二）：青囊海角经
作　　者：	（晋）郭璞撰　郑同校

出 版 人：	胡福君
出版发行：	华龄出版社
地　　址：	北京市东城区安定门外大街甲57号　邮　编：100011
电　　话：	（010）58122246　　传　真：（010）84049572
网　　址：	http://www.hualingpress.com

印　　刷：	九洲财鑫印刷有限公司
版　　次：	2017年9月第1版　2020年6月第2次印刷
开　　本：	720×1020　1/16　　印　张：14.5
字　　数：	200千字　　印　数：6001～9000
定　　价：	48.00元

版权所有　　翻印必究
本书如有破损、缺页、装订错误，请与本社联系调换

目 录

青囊海角经卷一 ·· 1
序 ·· 1
太无始气图 ·· 1
图说 ·· 1
太有中气图 ·· 2
图说 ·· 2
有无终气图 ·· 3
图说 ·· 3
五运六气经天之图 ·· 4
图说 ·· 4
天地始数图 ·· 5
图说 ·· 5
太元中数图 ·· 6
图说 ·· 6
太元终数之图 ·· 7
图说 ·· 7
浑甲纳音由 ·· 8
阴阳升降纳甲图 ·· 9
图说释阴阳升降纳甲因由。·· 9
太元始易之图 ·· 11
图说 ·· 11
太元中易之图 ·· 12
图说 ·· 12
太元终易之图 ·· 13
图说 ·· 13

浮针方气之图	15
图说	15
数窥天地之图	16
图说	16
四气元胞	18
图说	18
太阳出没之图	19
图说	19
六壬元胞之图	20
图说	20
艮丙龙收纳砂水图	21
巽辛龙收纳砂水图	22
坎癸申辰龙收纳砂水图	23
震庚亥未龙收纳砂水图	24
兑丁巳丑龙收纳砂水图	25
离壬寅戌龙收纳砂水图	26
乾甲龙收纳砂水图	27
坤乙龙收纳砂水图	28
卦例诀	29
乾天父卦起例图	30
坤地母卦起例图	31
巽地母卦起例图	32
震地母卦起例图	33
兑地母卦起例图	34
坎地母卦起例图	35
离地母卦起例图	36
艮地母卦起例图	37
抽爻得配失配图	38
抽爻得配八贵图	39
坤乙龙穴砂水图	40

艮丙龙穴砂水图 ……………………………… 41

震庚亥未龙穴砂水图 …………………………… 42

离壬寅戌龙穴砂水图 …………………………… 43

巽辛龙穴砂水图 ………………………………… 44

兑丁巳丑龙穴砂水图 …………………………… 45

坎癸申辰龙穴砂水图 …………………………… 46

乾甲龙穴砂水图 ………………………………… 47

地母变卦例之图 ………………………………… 48

 图说 ………………………………………… 48

 初变艮 ……………………………………… 49

 二变巽 ……………………………………… 49

 三变乾 ……………………………………… 50

 四变离 ……………………………………… 50

 五变震 ……………………………………… 51

 六变兑 ……………………………………… 51

 七变坎 ……………………………………… 51

 八变坤 ……………………………………… 52

 总评 ………………………………………… 52

青囊海角经卷二 ……………………………… 53

上 集 …………………………………………… 53

丘公颂 …………………………………………… 54

九曜三吉颂 ……………………………………… 56

 释贪狼生气木星 ☳ ………………………… 56

 释巨门天医土星 ☷ ………………………… 57

 释武曲福德金星 ☵ ………………………… 57

 释廉贞五鬼火星 ☶ ………………………… 58

中 集 …………………………………………… 59

青囊权衡 ………………………………………… 64

天机权衡 ………………………………………… 64

丘公颂 …………………………………………… 67

寻龙论理篇 67
　　下　集 69
　　丘公颂 71
　　　　文曲水 72
　　　　廉贞火 73
　　　　贪狼木 73
　　　　武曲金 74
　　　　巨门土 74

青囊海角经卷三 79
　　果堂海角权衡 79
　　宋当开皇宝照海角权衡 80
　　果堂颂 82
　　二十四钳口 83
　　二十四钳颂 84
　　孟仲季龙定富贵穴诀 85
　　上局行水诀法 86
　　中局行水诀法 86
　　下局行水诀法 86
　　青囊海角权衡 90
　　头陀衲子论 90
　　葬　法 94
　　觅　龙 94
　　点　穴 96
　　观　砂 99
　　察　水 101

青囊海角经卷四 103
　　穴　法 103
　　诗　诀 104
　　水　法 106
　　骑龙斩关歌 108

穴法赋有论。 ……	109
巧拙穴赋 ……	111
二十四山五行各属水法起长生诀 ……	112
水土局起长生图 ……	112
火局起长生图 ……	113
木局起长生图 ……	114
金局起长生图 ……	115
杨筠松二十四山向诀《望江南》调。 ……	116
收水诀 ……	118
五星诀 ……	119
论气正诀 ……	120
形气篇 ……	120
理气篇 ……	121
锦囊篇 ……	122
《道法双谈摘句》 ……	124
胚　胎 ……	124
学　步 ……	124
一认星 ……	125
图说 ……	125
图说 ……	126
二炼格 ……	127
图说 ……	127
三达势 ……	128
贵　干 ……	128
神　气 ……	128
气　象 ……	129
穴　信 ……	130
认　脉 ……	130
结　穴 ……	130
辨　穴 ……	131

穴　土	131
化　气	132
情　性	132
圆　通	133
待　缘	133
品　级	133
余　谭	134
点　穴	134
附道法双谭叙	136

堪舆珠玑

秦	139
樗里子	139
朱仙桃	139
汉	139
青乌先生	139
晋	140
郭璞	140
陶侃	140
韩友	140
隋	140
萧吉	140
舒绰	141
唐	141
李淳风	141
张燕公	142
一行禅师	142
司马头陀	142
刘白头	142
浮屠泓	142

陈亚和	143
杨筠松	143
曾文遄	143
范越凤	143
厉伯绍	143
刘淼	143
叶七	144
邵庭监	144
赖文俊	144
曾十七	144
苏粹明	144
丘延翰	144
方十九	145
张五郎	145
丁珏	145
濮都监	145
刘雍	145
廖禹	145
孙世南	145
李五牙	146
王应元	146
赖白须	146
李鸦鹊	146
锺可朝	146
曾道立	146
李普照	146
谢玠	146

宋 147
| 唐九仙 | 147 |
| 陈希夷 | 147 |

胡矮仙	147
张子微	147
谢子逸	147
蔡神与	147
刘七碗	147
郑彦渊	148
刘子猷	148
丁应之	148
丘公亮	148
刘景清	148
刘应宝	148
弟子骧	148
王禄道	148
建心仙翁	149
刘元正	149
刘景明	149
刘谦	149
刘种桃	149
刘见道	149
谢和卿	149
刘云山	150
刘云峰	150
刘二郎	150
刘子仙	150
吴景鸾	150
宋花师	151
刘勾力	151
萧才清	151
廖信甫	151
李蓬洲	151

刘云岫	151
孙伯刚	151
刘潜	152
傅伯通	152
邹宽	152
徐仁旺	152
王伋	153
胡舜申	153
孙晤	153
达僧	153
铎长老	154

元 154
| 梁饶 | 154 |

明 154
张宗	154
幕讲僧	154
非幻和尚	155
周仲高	155
刘用寅	155
渠仲宁	156
杨宗敏	156
廖均卿	156
游朝宗	156
许国泰	156
裴士杰	156
徐拱	157
卜梦龙	157
杨院使者	157
吴仲宽	157
骆用卿	157

曾易明 ·· 158
　　谷宗纲 ·· 158
　　陈后 ·· 158
　　徐善继 ·· 158
　　汪朝邦 ·· 158
　　江仲京 ·· 158
　　江本立 ·· 159
　　奚月川 ·· 159
　　周诏 ·· 159
　　李邦祥 ·· 159
　　李景溪 ·· 159
　　洪善祖 ·· 159
　　徐懋荣 ·· 160
　　毕宗义 ·· 160
　难宅无吉凶摄生论 ·· 171
　答释难宅无吉凶摄生论 ···································· 174
　五行禄命葬书论 ·· 178
　葬书问对 ·· 180
　《风水选择》序 ·· 184
　《风水问答》序 ·· 185
　辨惑论 ·· 186
　风水辨 ·· 188

王充《论衡》 ·· 192
　四讳篇 ·· 192
　难岁篇 ·· 193
　诘术篇 ·· 195

堪舆杂录 ·· 198

序

　　青囊内传，海角秘文。浮黎正统，镇世鳌极。八卦八门，六甲天书。始青之下，囊括万象。赤明开国，天发祥光。洞彻天地，四极鳌布。八方云篆，元女降质。神通天地，数彻幽明。道遵河洛，卦契乾坤。首司庚甲，焕乎五行。布两间之枢纽，掌四时之德刑。明九万七千六百之元气，一十二万九千六百之元钧。生成万汇，拱卫星辰。济大旱之霖雨，御虎贲之强兵。人得之而生长，国得之而太平，家得之而丰盈。悟者游于神化，不落幽冥。死者归于葬埋，遗体受荣。浮黎祖秘，永镇乾坤。晋郭璞修。

　　按：原本此下有两序，一宋张士元、一明吴元爵，兹但录其本叙，余不具载。

青囊海角经卷一

太无始气图

恍恍惚惚
杳杳冥冥
无象无形

图说

纯黑晦体，太无非显，故黑之。黄石所谓"太无不无"，老氏所谓"无为天地之始"。统三才，混一气，恍惚不可见闻者也。是以元女设图，使来学透悟大道，偕登圣域，立教圣人以此悟无上至道，非元女之传，孰能以晦图造其端哉！

太有中气图

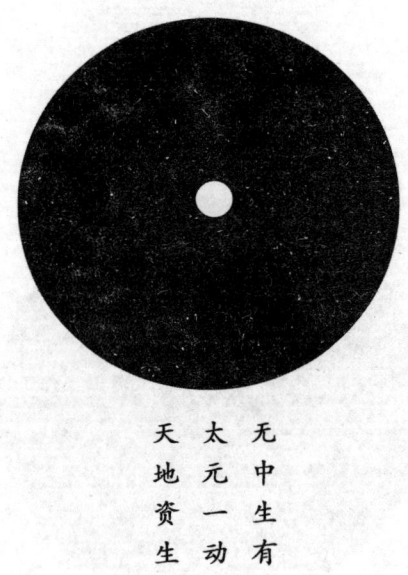

无中生有
太元一动
天地资生

图说

一点纯阳隐于黑中，晦而明也。是谓"黑中有白，阴里怀阳"。《图经》所谓"太有不有"，即老氏所谓"有为万物之母"，"万物莫不虚中以为体"。阴非此阳，乌能生化？知白守黑，即此机也。悟之为无上妙道。此二图八卦不能推甲子，不能契万物化生，根原莫逃乎此。

一阳初动处，万物未生时。些子好光景，乌能入言语。

有无终气图

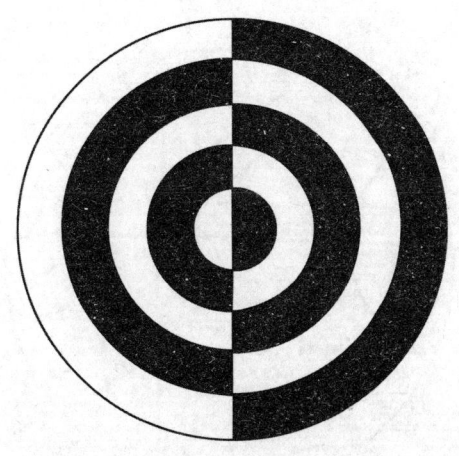

黑白相符
子午定机
万物之化

图说

乾坤奠位而阴阳相胜，日月循环而寒暑推迁。《图经》所谓："有无相生，万物化成。"动静有时，消长有数。八卦可推，历律可契。四时依候，子午定机。阳生于子，阴生于午。阴阳消长，而万物之理、万物之机得矣。

五运六气经天之图

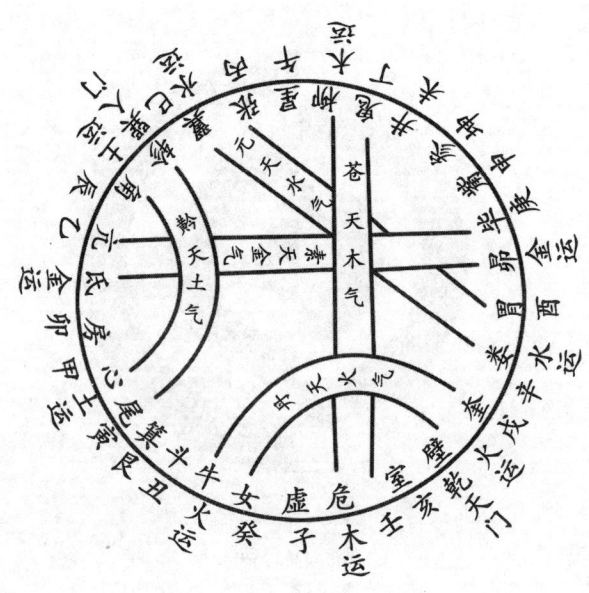

图说

　　五运六气者，丹天火气经于牛女奎壁，黅天土气经于心尾角轸，苍天木气经于危室柳鬼，素天金气经于亢氐昴毕，元天水气经于张翼娄胃。五运甲己化土运，乙庚化金运，丙辛化水运，丁壬化木运，戊癸化火运。合金运出人仁义，合水运出人宽荡，合土运出人敦厚，合木运出人有为，合火运出人多无情，是皆秉乎气运所生，人物作替，犹言合取生旺为兴，遇休囚即为衰也。

天地始数图

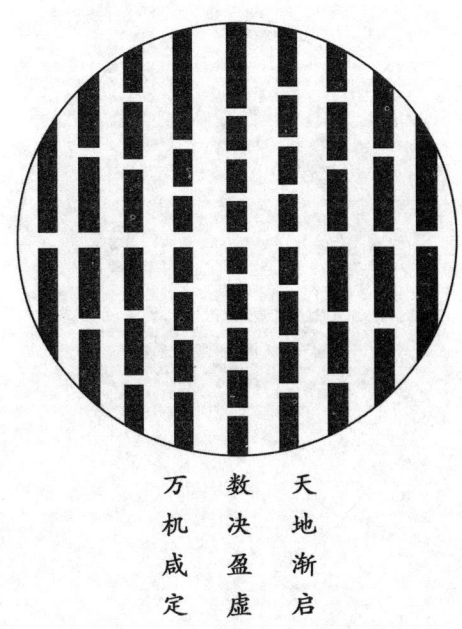

天地渐启
数决盈虚
万机咸定

图说

一立数，始定焉，察盈虚，定消长，分造化，具五行，判阴阳，自一而至十，合大衍，五十有五，立中立极左右，皆合河图洛书之数，用天干之十数配地支之十二，浑天甲子数由乎此。

太元中数图

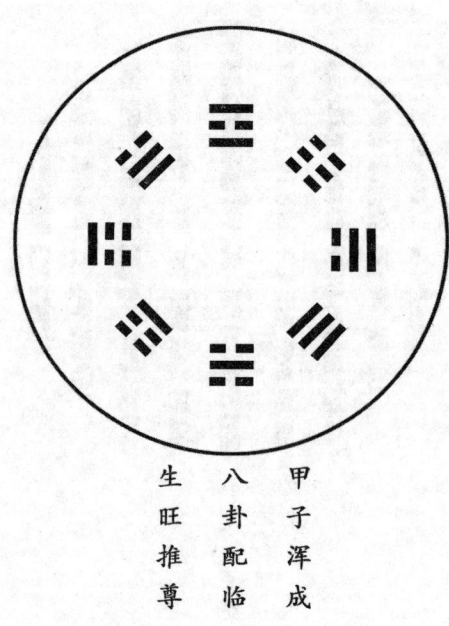

甲子浑成
八卦配临
生旺推尊

图说

浑天甲子合八卦,具五行,察阴阳,明消长,推旺墓,定吉凶。迎之吉,违之凶,此括太元中数之理,以喻用之神也。

奇数:一三五七九,为阳,天数,五倍十天干。

偶数:二四六八十,为阴,地数,六倍十二地支。

太元终数之图

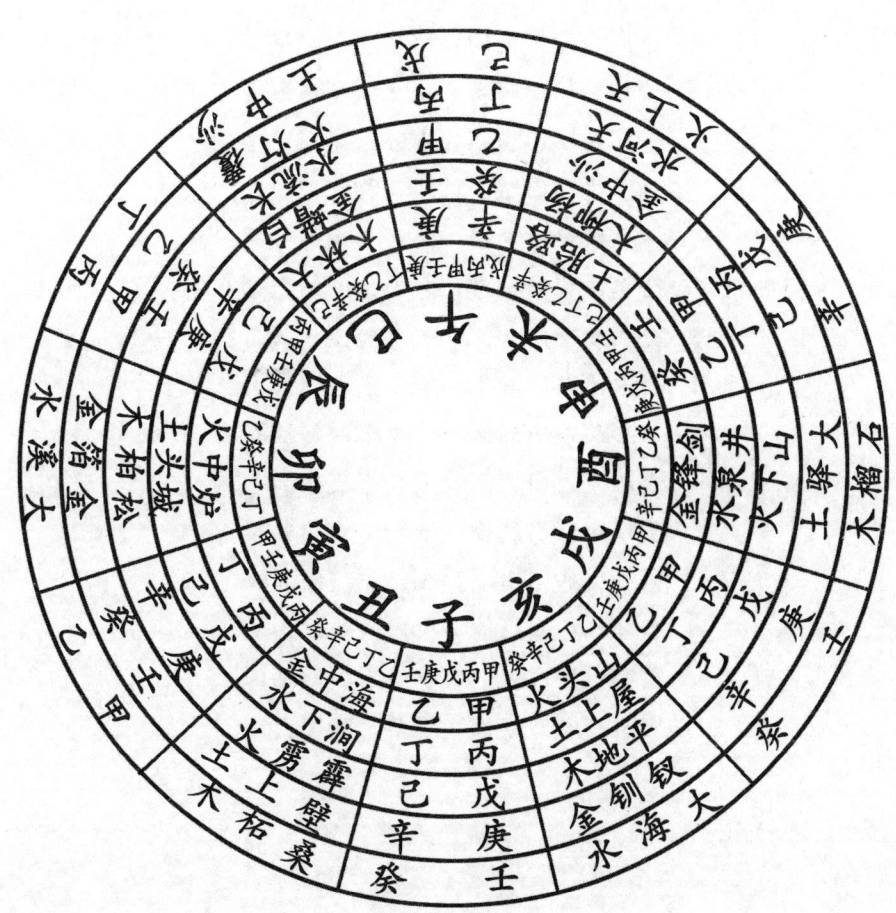

图说

十二地支至静，圆布十二宫，以十天干配地支，各五匝而成六十甲子，以配天干，取天变地不变之义。冬至葭飞，立甲子之日始。尧廷蓂叶，作甲子之月始。以建子，作甲子之年始。

浑甲纳音由

水旺金藏曰海中，水中有源曰涧下。
阴内含阳曰霹雳，水土相须曰壁上。
一阳始动曰扶桑，木旺火生曰炉中。
水上生病曰城头，庚辛临官曰松柏。
木盛金绝曰金箔，乙卯长生曰大溪。
土墓木盛曰大林，金养色明曰白蜡。
墓胎东归曰长流，土之掩覆曰覆灯。
土墓不厚曰沙中，庚午土胎曰路旁。
木当茂盛曰杨柳，火盛金潜曰沙石。
水临其上曰天河，火旺上炎曰天上。
壬申金旺曰剑锋，秋金生水曰井泉。
丙丁火病曰山下，戊己土病曰大驿。
秋旺木绝曰石榴，甲戌火透曰山头。
墓胎土燥曰屋上，戊己木养曰平地。
庚辛衰木曰钗钏，壬癸带旺曰大海。

阴阳升降纳甲图

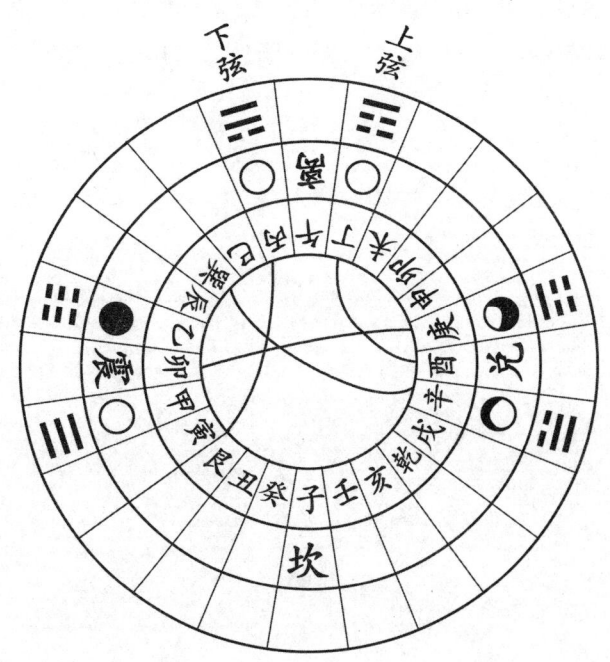

图说 释阴阳升降纳甲因由。

天地之道，昼夜运行，阴阳消长，睹太阴可见圣神，图纳甲以喻后世。凡每月有六候，一候有五日，初三日生明，是一阳生，卦体属震，昏时月出西方庚，其月之象如盂之仰，故纳于震。越六十时至初八日上弦，是二阳生，卦体属兑，昏时月出南方丁位，其象为兑上缺，故丁纳于兑。越六十时至十三日以至望，三阳全满而纯白，卦体属乾，昏时月出东方甲位，其象浑圆，故甲纳于乾。越六十时至十八日生魄，是一阴始生，卦体属巽，且时月没西方辛位，其象为巽下断，故辛纳于巽。越六十时至二十三日下弦，是二阴生，卦体属艮，且时月没南方丙位，其象如碗之覆，故丙纳于艮。越六十时至二十八日以至晦，三阴纯黑，卦体属坤，且时月没东方乙位，其象浑然，故乙纳于坤。一月之内三百六十时之中，观晦朔弦望之盈亏，而易理之奥尽于斯矣。葬埋之吉凶无他，惟会合盈虚、明暗、上下，得宜祸福攸判。取坤震兑，乘乾巽艮，斯用天之奥哉！

太元始易之图

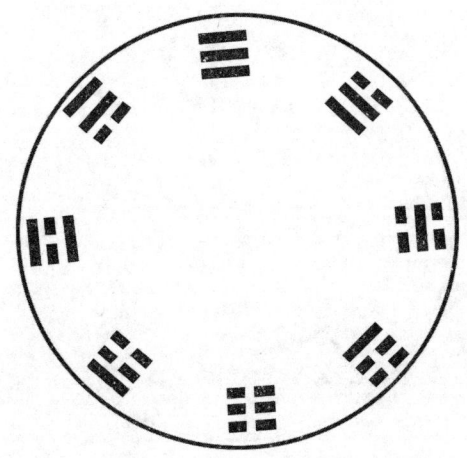

图说

　　河洛出而八卦分，象数明而五行定。乾坤主上下之位，坎离居日月之门，震巽艮兑各处其隅，以先天八卦定阴与阳也。故地理之阴阳从兹始，乾坤坎离定阳龙而不用其阳，震巽艮兑定阴龙而用其阴，是贵阴而贱阳之故也。

　　此图乾坤合九数，坎离合而成九数，震与兑合，艮与巽合皆成九数，故曰"太元始易图"也。

太元中易之图

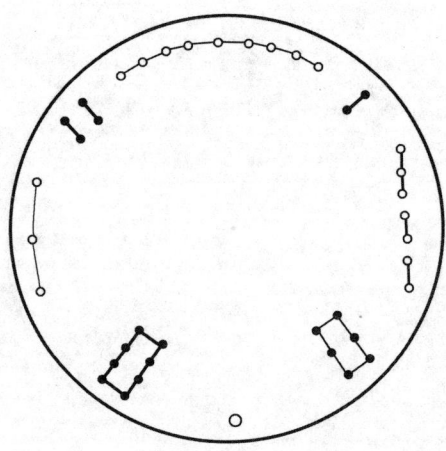

图说

乃戴九履一，左三右七，二四为肩，六八为足。阴阳迭凑而成八卦，八卦迭磨而成六十四卦。故九天元女，以八卦八爻迭推消长，以明地理地气之吉凶，颠倒之顺逆。取用于三般卦例，以示后学，以教世民之趋吉避凶也。

太元终易之图

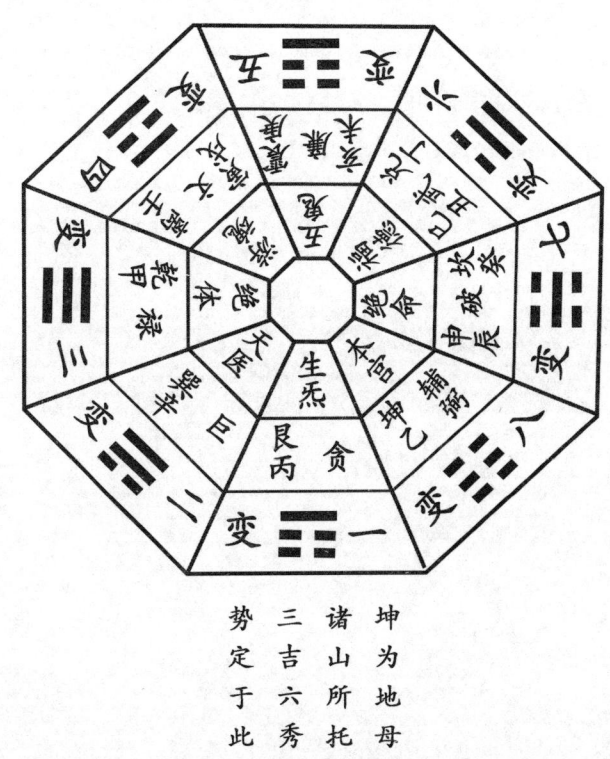

坤为地母
诸山所托
三吉六秀
势定于此

图说

元女以坤元天书取其三吉，不用五凶山水也。以九曜之权衡，取阴阳之得配，贪巨廉武，洛书取其阴也。抽中爻为体，则知上下阴阳得配以定吉龙也。破禄文辅，洛书弃其阳也。抽中爻而知上下，孤阴寡阳而失配，以舍凶龙也。艮纳丙，震纳庚，以丙庚阳而旺。兑纳丁，巽纳辛，以辛丁阴而相。乾纳甲，离纳壬，以甲壬阳而孤。坤纳乙，坎纳癸，以乙癸阴而虚。旺、相、孤、虚之气定也。体天地之撰者，《易》之象。纪天地之撰者，《范》之数。数者，始于一。象者，成于二。一二奇偶也，二而四，一而八。一者，八卦之象。乾一、兑二、离三、震四、巽五、坎六、艮七、坤八，上稽天文，下察地理，中参人事，皆气运之数。天分五气，地列五行，上经于列宿，下合于方隅，敷布天地之间。四时迭序而有风寒温热，燥湿之化从此而生。气平而相得者所以道其常，是谓德也。气不平而相贼者所以观其变，是谓刑也。万物一定之数，于中变化无穷，而圣人明之。不使过于中道，所谓裁成万物也。

浮针方气之图

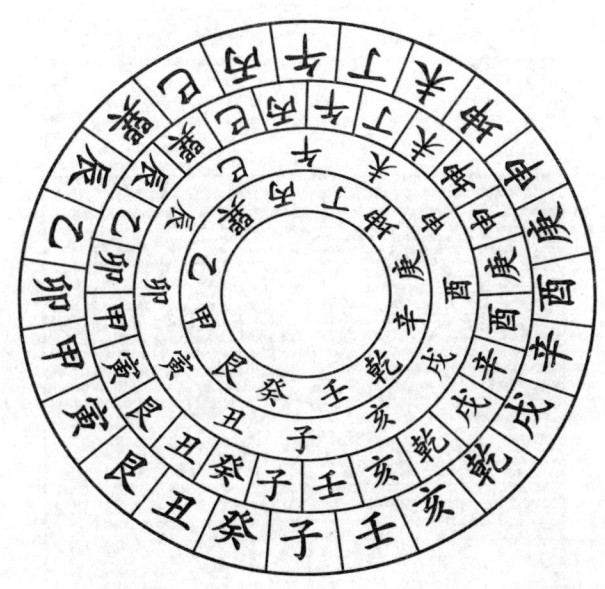

图说

　　元女昼以太阳出没而定方所，夜以子宿分野而定方气，因蚩尤而作指南，是以得分方定位之精微，始有天干方所，地支方气，后作铜盘，合局二十四向。天干辅而为天盘，地支分而为地盘，立向纳水从乎天，格龙收沙从乎地。今之象占，以正针天盘格龙，以缝针地盘立占。圆者从天，方则从地，以明地纪。

数窥天地之图

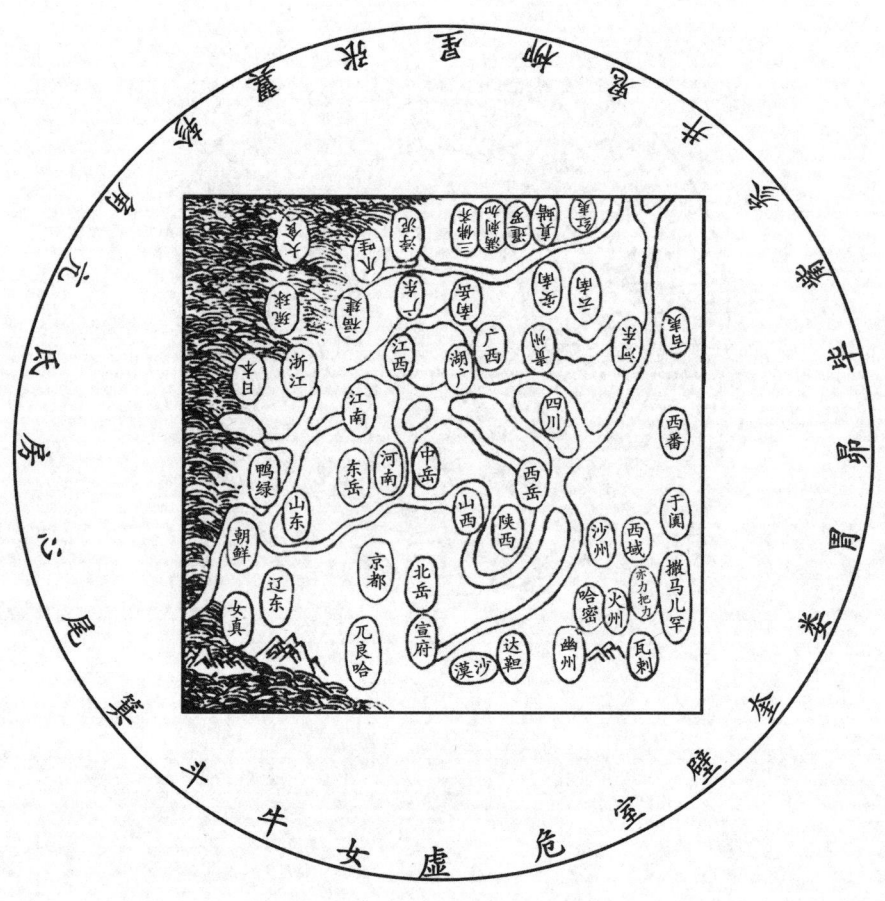

图说

天圆如倚盖，地方如棋局。窥地厚四万里，应五八之数。其方六万里，中国之广不过万里，余五万里皆属外国。自元女道于伏羲而治中国，始有阴阳，龙八卦成。始天倾西北，女娲炼石补之，地陷东南，大禹治水，龙形始定。天之数，一三五七九，属阳。始于一，成于三，盛于五，定于七，极于九。因天距地九万里，故曰"九天之上"。地之数，二四六八十，属阴。始于二，成于四，盛于六，定于八，极于十。因地厚四万里，倍之及泉，故曰"九泉之下"。惟阳盛于五，故日距地五万里。惟阴盛于四，故月距地四万里。撰历以日数为准，周经三十六万里，以应三百六十五度四分度之一，每一日占一度之宽。

乾坤合而成九，坎离合而成九，震兑合而成九，艮巽合而成九，四方四时各值九数，共成四九三十六之数，以定始中终之气。月有三百六十时，年有三百六十日，天有三百六十余度，地有三百六十余穴，人有三百六十余骨节。

大劫十二区分，每宫三个三千三百六十数始、中、终，大约一万八百年天始开，一万八百年地始辟，一万八百年人始生。天开于子，地辟于丑，人生于寅，共三万二千四百年，为胚胎之气。仍九万七千二百年后，浑天之劫运。

四气元胞

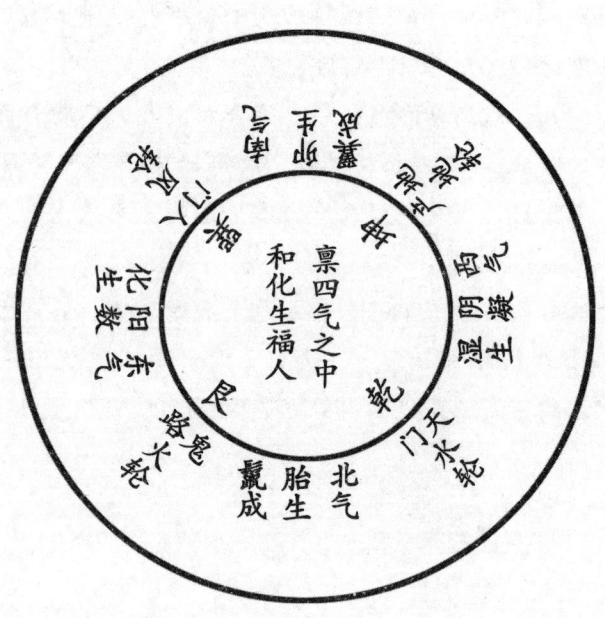

图说

乾坤艮巽为天地之四鳌界,日月之止所。使之循环,而作天地人鬼之四门;使之变化,为地水火风之四轮。流行造化,主乾坤之橐籥,宰阴阳之呼吸。统四生,权六道。世之善者,根于人道。世之恶者,根于鬼道。凡葬埋不得吉气,即陷子孙贫贱衰绝。择地者可无慎乎?

太阳出没之图

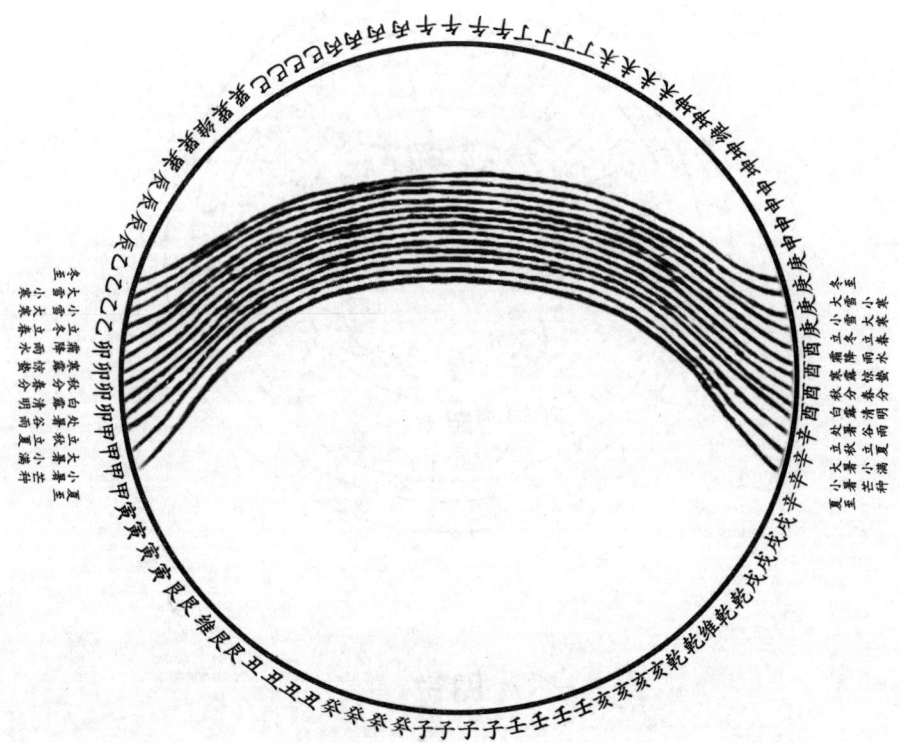

图说

盖地气必待天气盛而万物生，天炁衰而万物死。天无地道，无以宰乎德刑；地无万卉，无以成乎岁功。阴阳相胜之妙，根于日月去天地之远近。日月临地之近，万物感阳和以生。日月去地之远，万卉得阴凝以藏。

六壬元胞之图

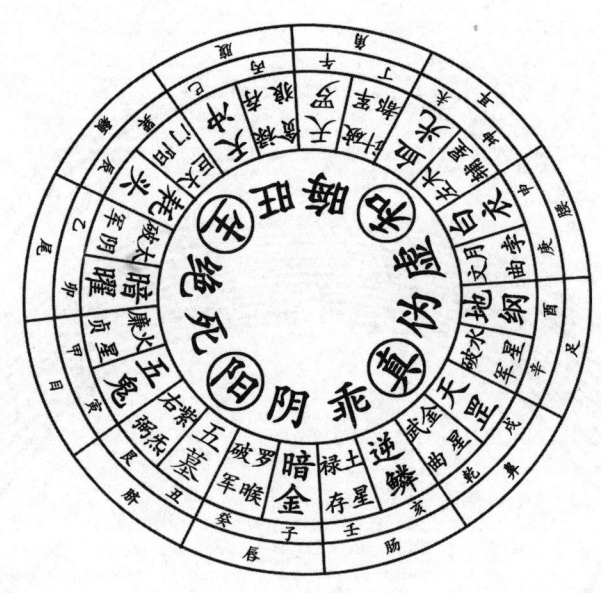

图说

乾坤艮巽为天门、地户、人门、鬼路四门，作地水火风而以生化万类，莫不由此四气元胞。太阳出没往来，亦由四气。地之得以承载，而四鳌立极也。圣人作六十曜星而吉气亦归于四气，故设象以索真，而以二十四山地支加天干，用龙天干，龙亦加前地支数，至乾坤艮巽为四吉，依图象而取星，为救贫解祸之神，布福德之星。凡阴阳驳杂，不合三吉，以此救解之，即速应富贵。

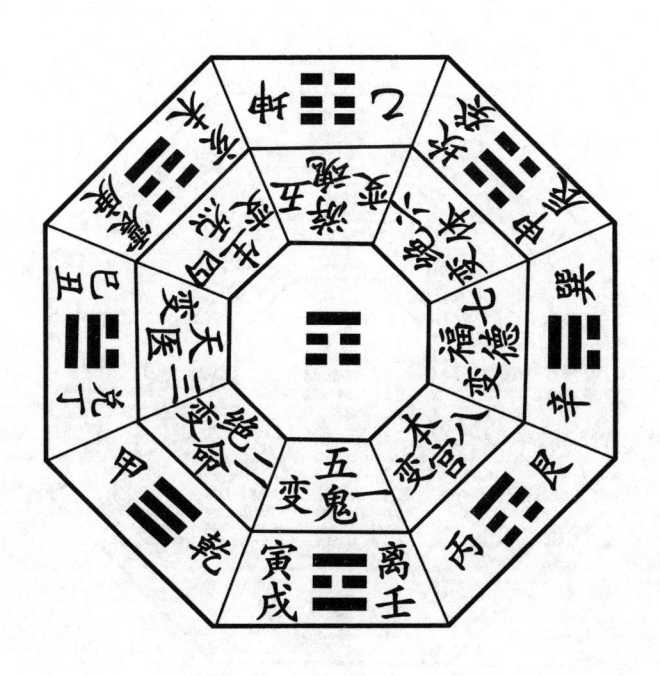

艮丙龙收纳砂水图

巽辛龙收纳砂水图

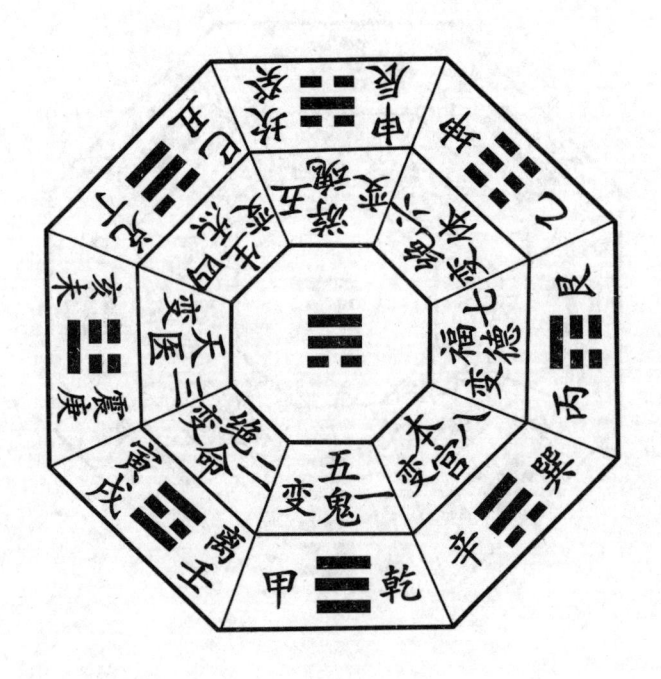

坎癸申辰龙收纳砂水图

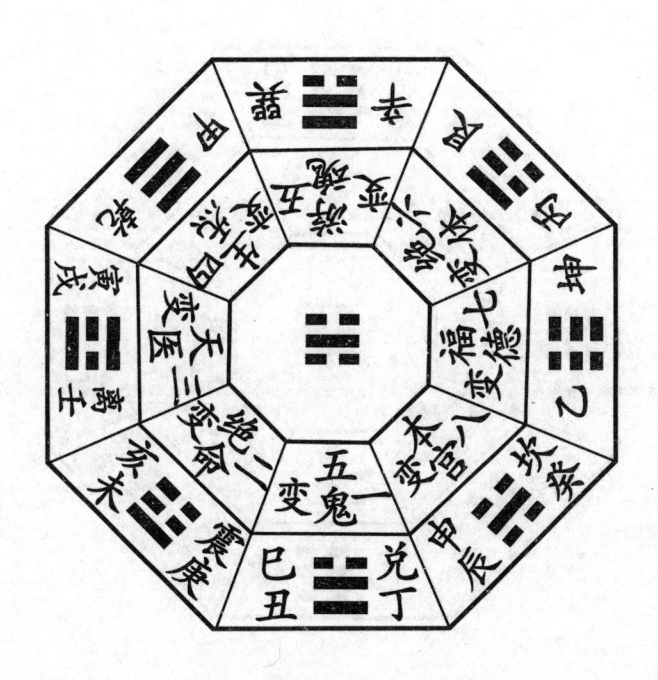

震庚亥未龙收纳砂水图

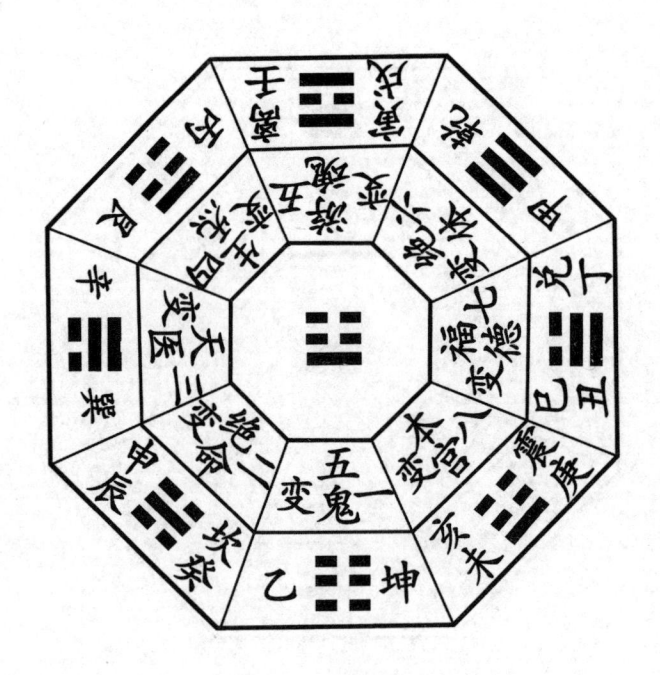

兑丁巳丑龙收纳砂水图

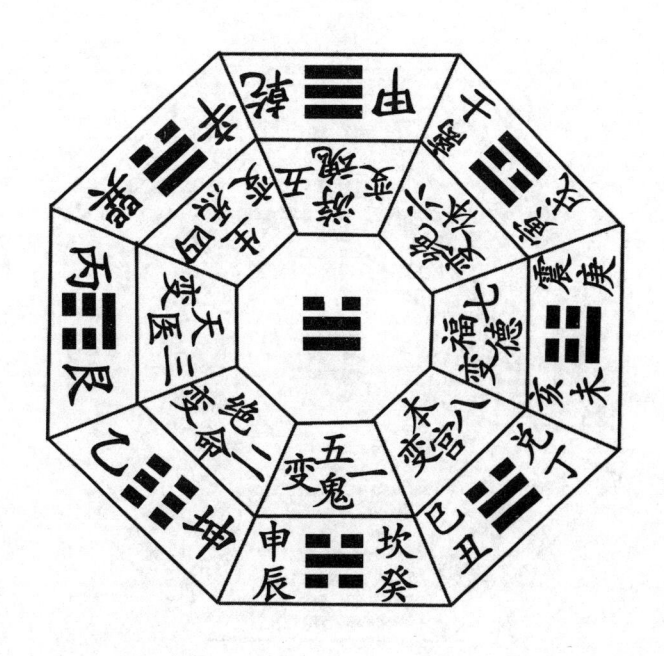

离壬寅戌龙收纳砂水图

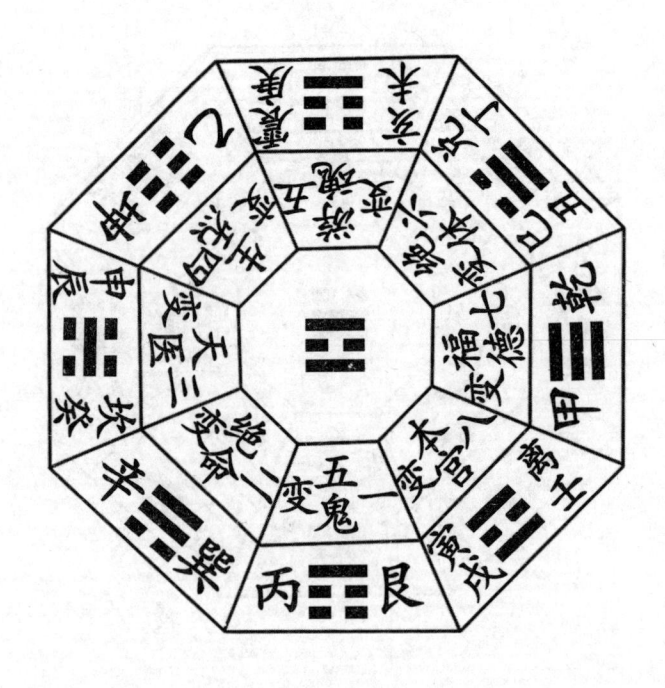

乾甲龙收纳砂水图

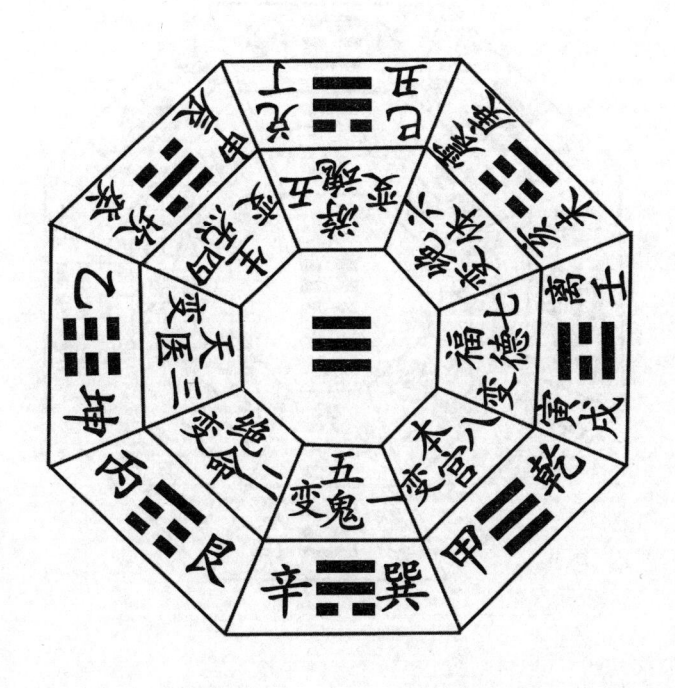

坤乙龙收纳砂水图

卦例诀

　　翻卦之诀，其法以离巽坤兑列于四指之上节，以乾艮坎震列于四指之下节，使乾兑离震巽坎艮坤一阴一阳，交互相对，以便于运指。假如星在二指四指，则逆数而前，在五指二指，则顺数而后，中起中落，傍起傍落。如乾是来山，此天父卦也，则坐兑丁为生气，震庚为天医，坐艮丙为福德。此三卦为三吉，除五卦为五凶，作向星，卦以五鬼为主。地母卦，如艮是来山，则向震庚，亥未是向生炁、向兑丁，巳丑是向天医，而巽辛是向福德。除此三吉，即是五凶。占水卦以辅星为主，其法径以本山为辅星，以辅武、破廉、贪巨、禄文为序。如前一上一下会，得贪、巨、武、水到堂为吉，廉、禄、破、文为凶，辅为半吉。《经》云："三吉只求来势好。"但以地母卦为主，求其艮丙辛巽兑丁巳丑震庚亥未十二阴龙，诸山所托之故也。向家只作鬼爻看，此专以壶中鬼卦就本山起，或乾山巽向，即从乾山上起，辅武、破廉、贪巨、禄文，看其砂之吉凶。又从本山下下罗经，即以鬼爻倒数。<small>此壶中鬼卦也。</small>如乾山即就巽上起，辅武、破廉、贪巨、禄文，以观水吉凶。如坤山即就震上起，倒数，此即所谓壶中鬼卦也。天父、地母、壶中卦，乃三般大卦也。

乾天父卦起例图

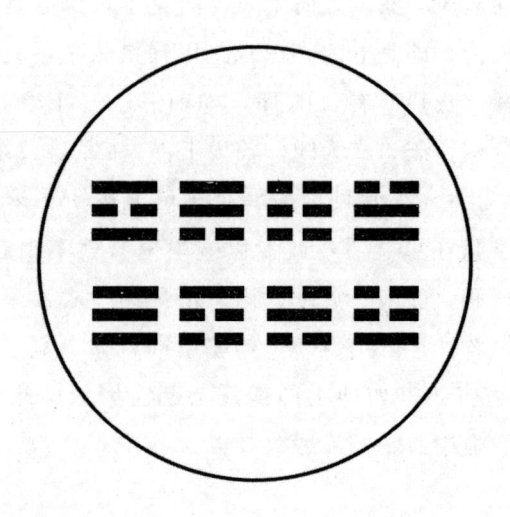

此例以贪、巨、禄、文、廉、武、破、辅、弼，辅星与弼星同合一卦，如乾卦起例，从兑上起贪巨云云。离从震上起，艮从坤上起，巽从坎上起，亦是如前起例。傍起傍住，中起中住之法也。

坤地母卦起例图

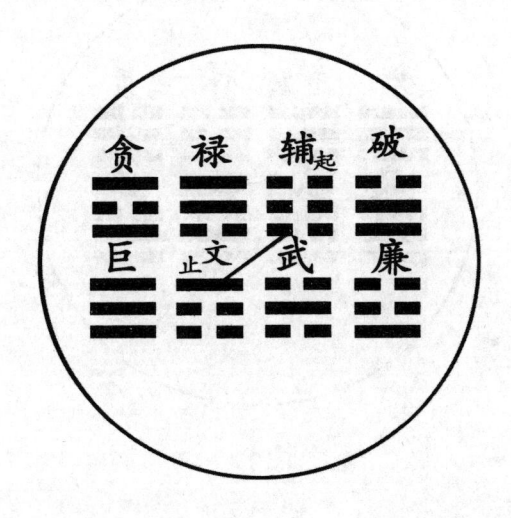

此以辅武
破廉贪巨
禄文为序
中起中住

贪禄辅起破
巨 止文 武 廉

巽地母卦起例图

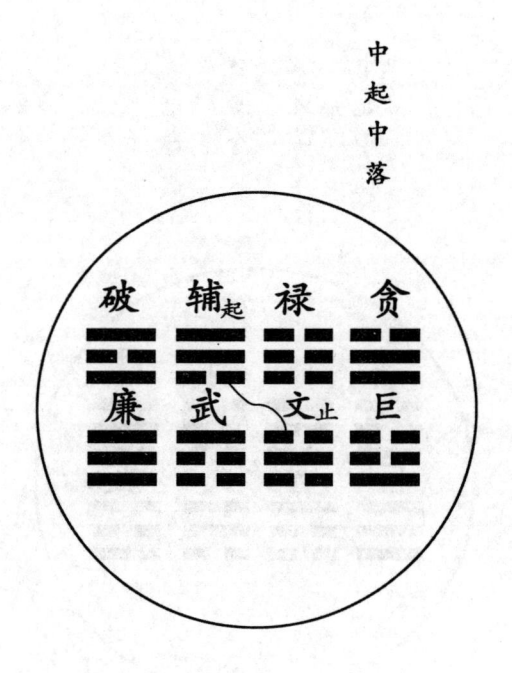

中起中落

破 辅起 禄 贪
廉 武 文止 巨

震地母卦起例图

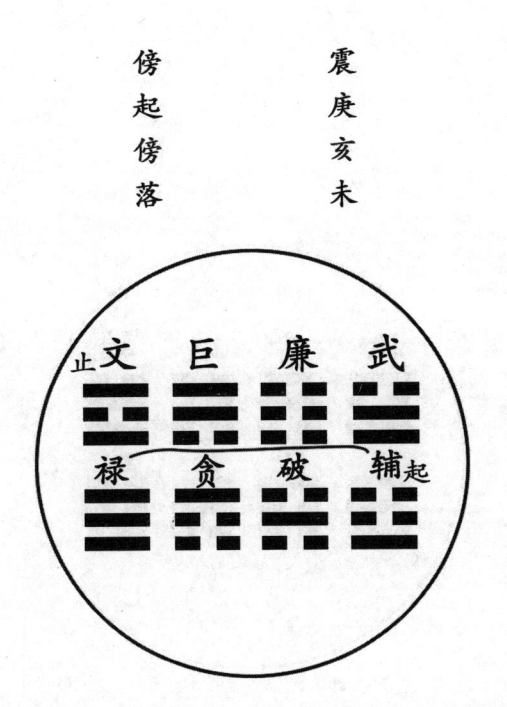

震庚亥未

傍起傍落

止文 巨 廉 武
禄 贪 破 辅起

兑地母卦起例图

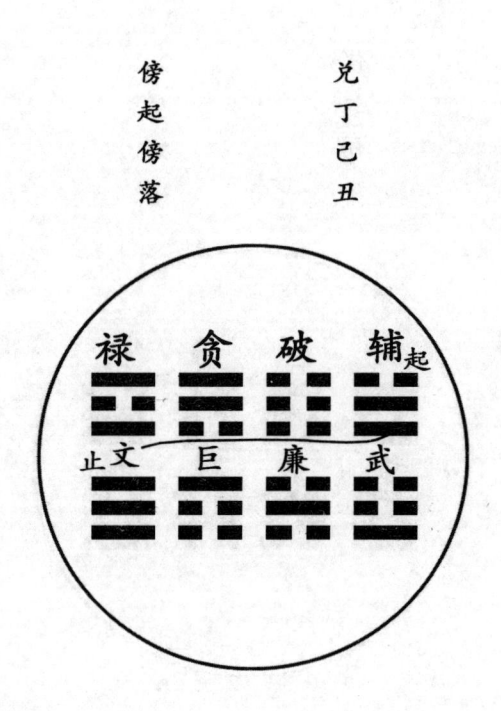

兑丁巳丑

傍起傍落

禄 贪 破 辅起

止文 巨 廉 武

坎地母卦起例图

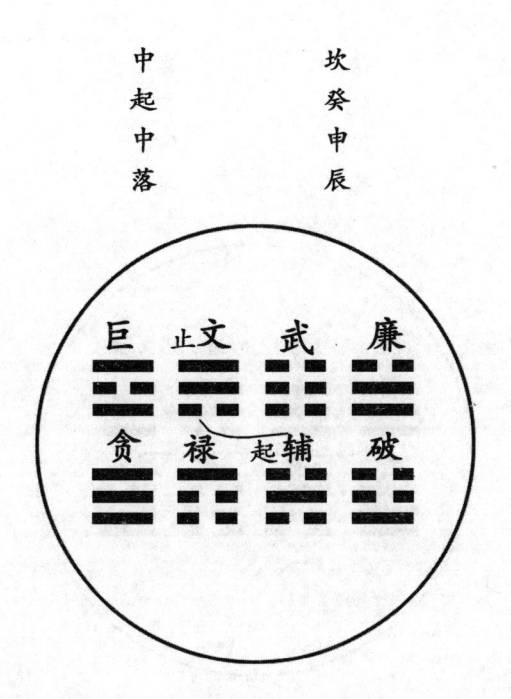

坎癸申辰

中起中落

巨 止文 武 廉
贪 禄 起辅 破

离地母卦起例图

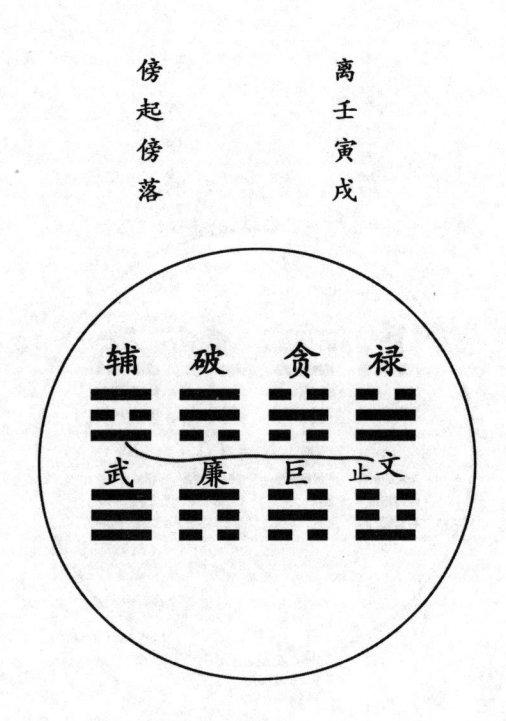

离壬寅戌

傍起傍落

辅 破 贪 禄
武 廉 巨 止文

艮地母卦起例图

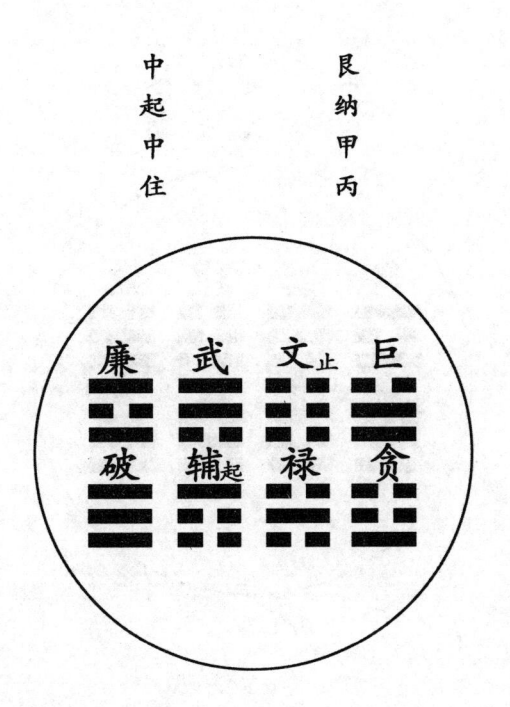

艮纳甲丙

中起中住

巨 文止 武 廉
贪 禄 辅起 破

抽爻得配失配图

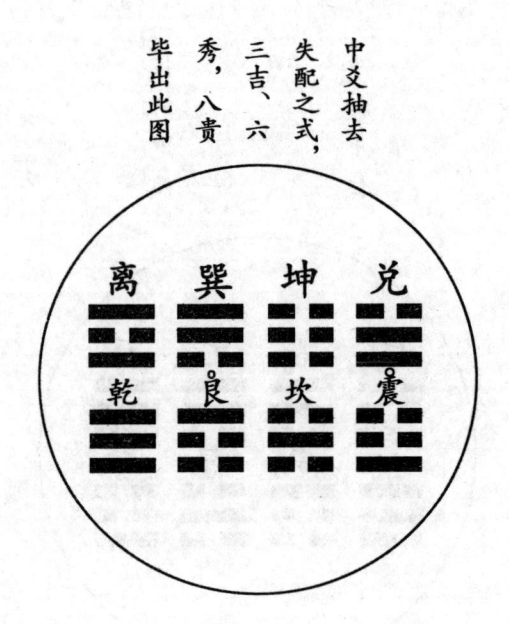

中爻抽去失配之式，三吉、六秀，八贵毕出此图

抽爻得配八贵图

八卦之内,惟此四卦名之曰四吉,盖缘抽去中爻上下得一阴一阳,配合曰三吉,曰六秀,曰八贵,皆此抽爻之诀也。

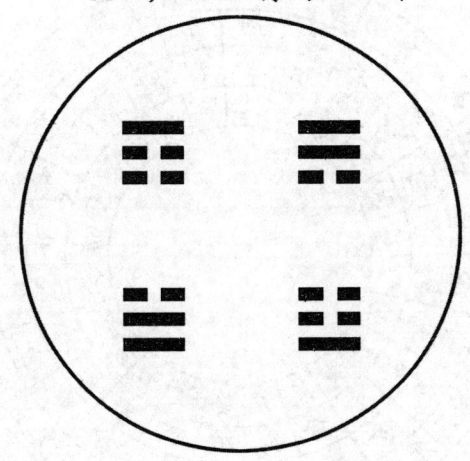

九天元女青囊海角经

坤乙龙穴砂水图

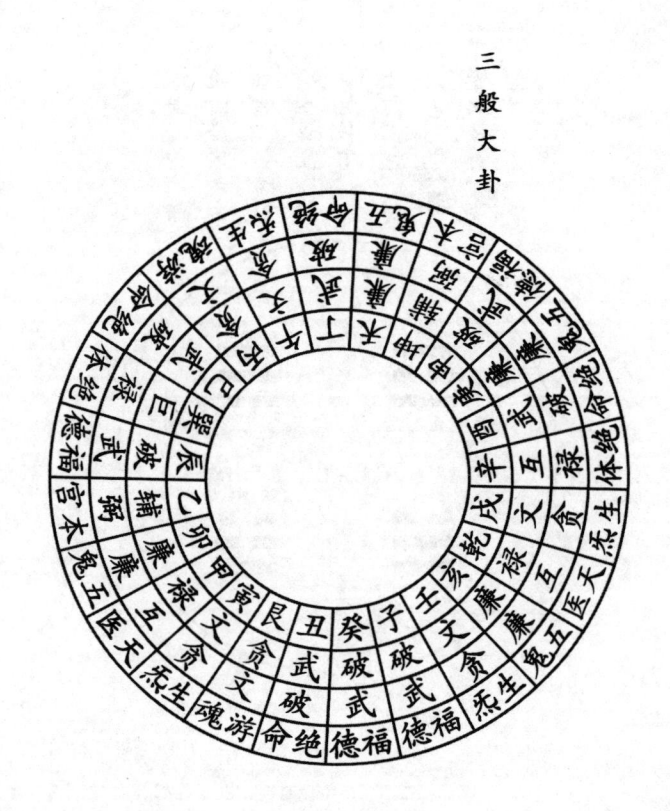

三般大卦

艮丙龙穴砂水图

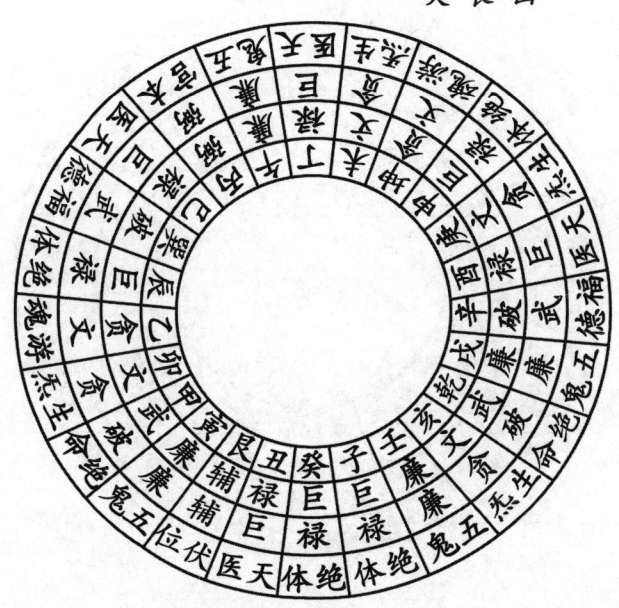

地母诸山所托定艮丙三般大卦之图

震庚亥未龙穴砂水图

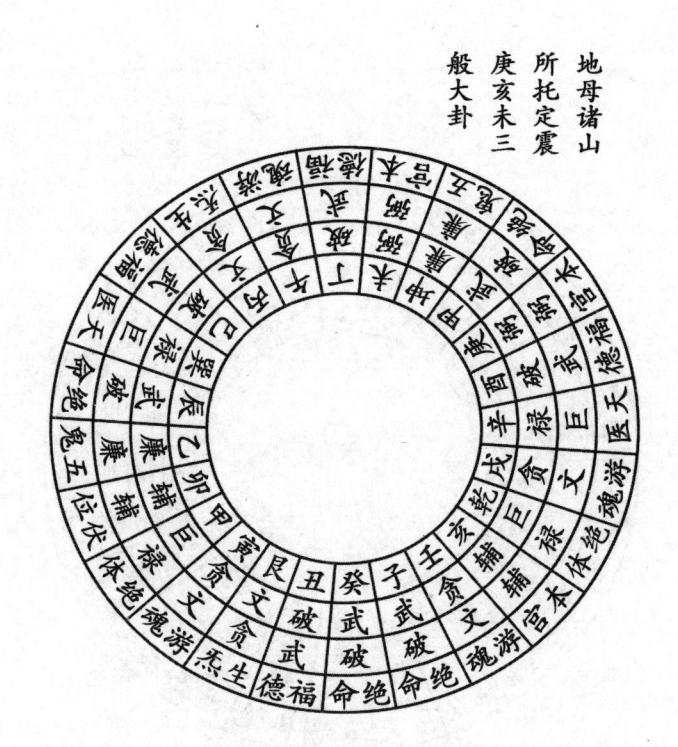

地母诸山
所托定震
庚亥未三
般大卦

离壬寅戌龙穴砂水图

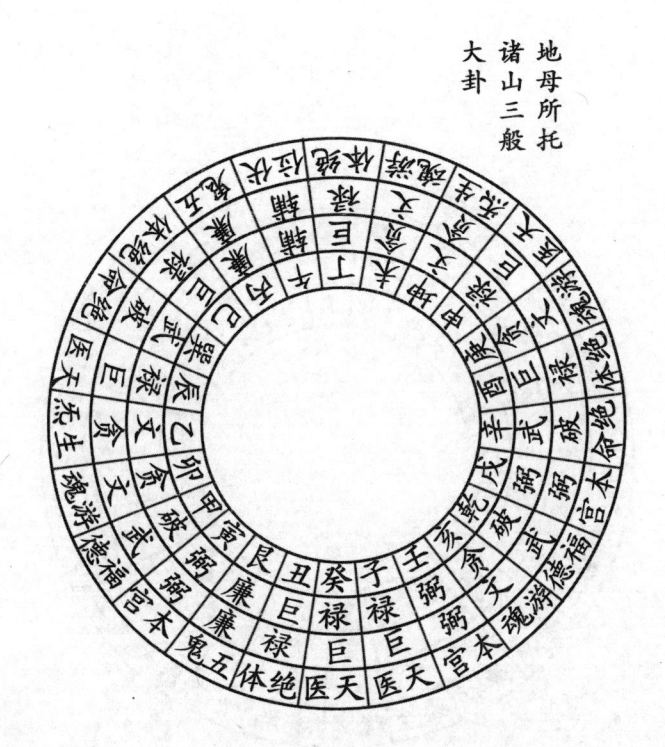

地母所托
诸山三般
大卦

巽辛龙穴砂水图

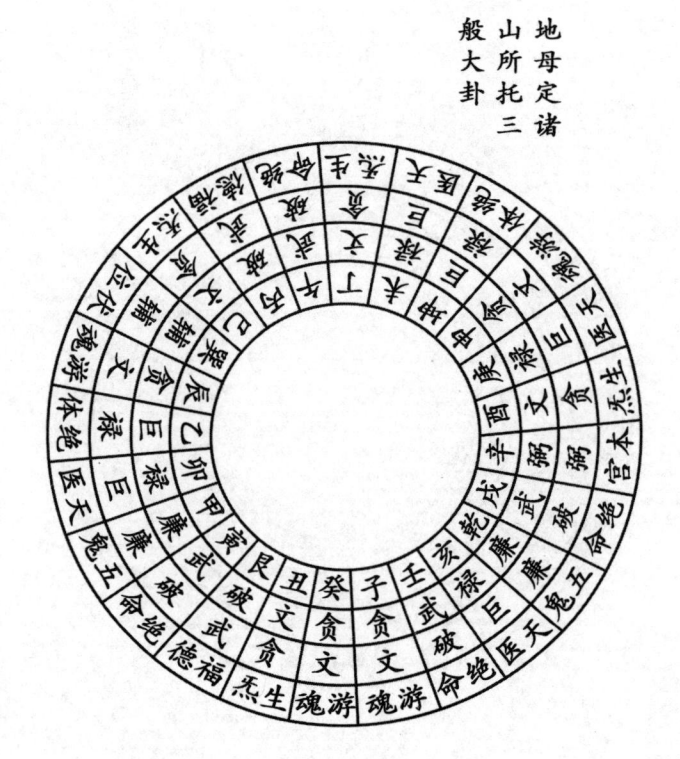

地母定诸
山所托三
般大卦

兑丁巳丑龙穴砂水图

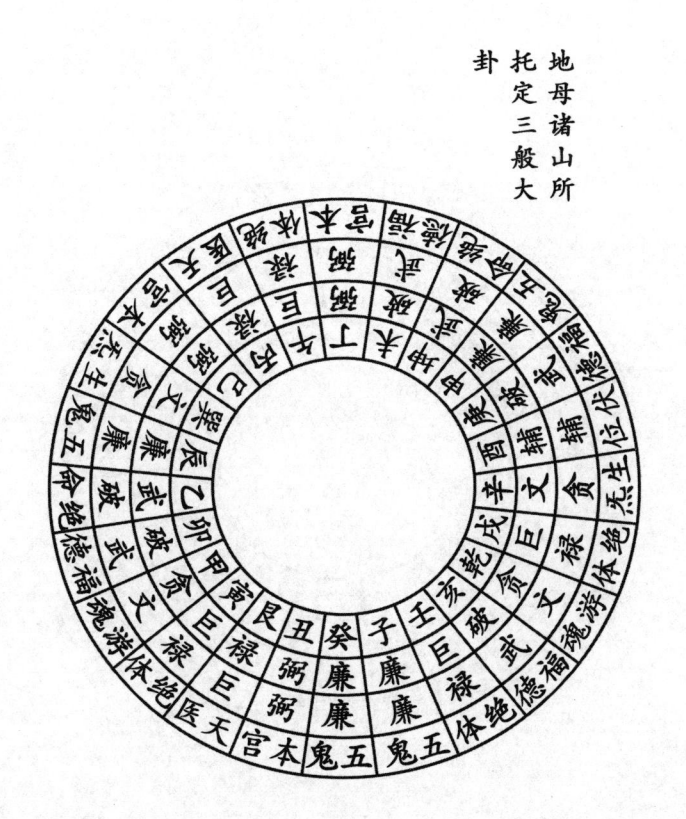

地母诸山所托定三般大卦

坎癸申辰龙穴砂水图

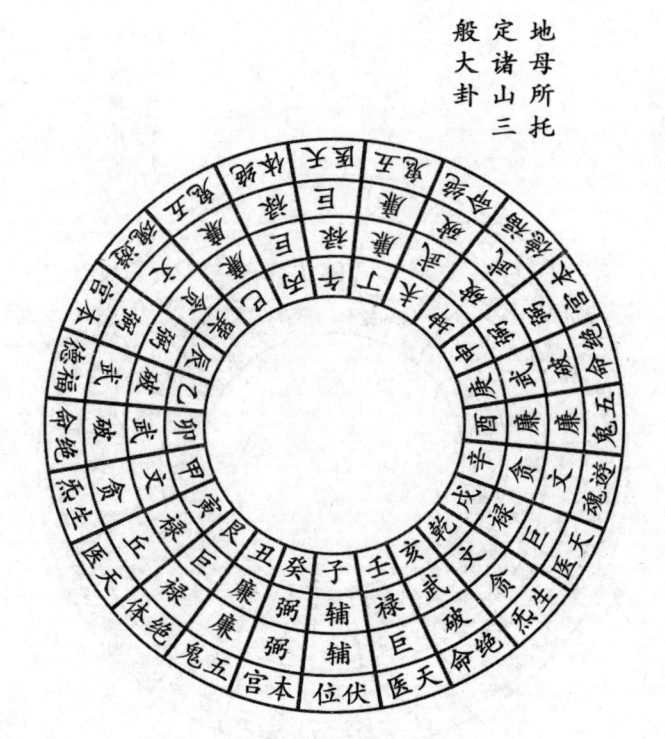

地母所托
定诸山三
般大卦

乾甲龙穴砂水图

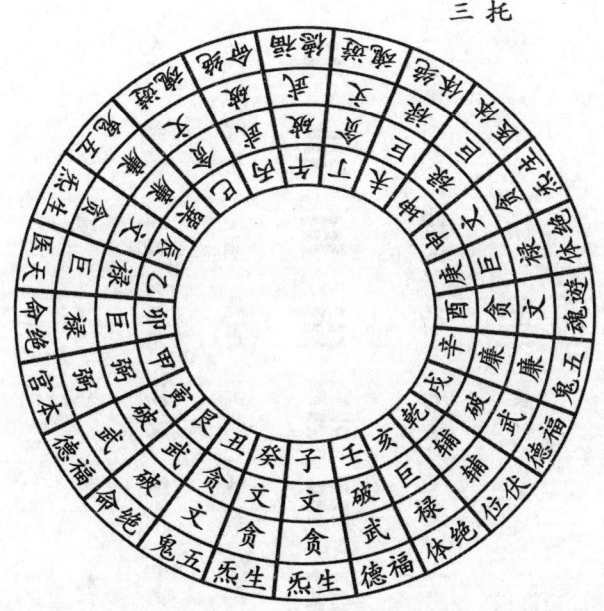

地母所托
定诸山三
般大卦

地母变卦例之图

| 孟仲季仲孟季孟伏 | 一变 丙艮
二变 辛巽
三变 甲乾
四变 戊寅 壬离
五变 未亥 庚震
六变 丑巳 丁兑
七变 辰申 癸坎
八变 乙坤 | ䷀ | 贪狼 生气 木 土
巨门 天医 土 土
禄存 绝体 水 水
文曲 游魂 火 火
廉贞 五鬼 金 金
武曲 福德 金 金
破军 绝命 木 木
辅弼 本宫 |

图说

地母之变，诸法所宗，净阴净阳，三吉六秀八贵，莫不出此。九星贪、巨、禄、文、廉、武、破、辅、弼之定位，地母所变，八卦之定爻，卦之纳甲，支之三合，艮丙、巽辛、乾甲、离壬、寅戌、震庚亥未、兑丁巳丑、坎癸申辰、坤乙，皆抽中爻。上下二爻，得配成吉，失配成凶。天星卦变皆天然一定之位次，而得配失配之吉凶合焉。震虽卦属廉贞五鬼，而取其得配，故为八贵也。阴阳之福祸，全在天星，以定吉凶。八卦游年之妙用，微旨微理，秘括青囊。得者地仙，转坤为乾。泄授匪人，灾及其身。

知此要诀，总括天星。八卦宫位，挨次而临。三吉六秀，显于斯章。兼出八贵，妙用得配。抽爻是则，吉凶可觅。净阴净阳，吉龙乃彰。贵阴贱阳，天星主张。纳甲并用，三合齐良。惟用斯诀，千古吻合。

初变艮

艮山子来艮，伏吟弼克定。小口渐渐衰，过房乃有分。
艮山子来震，游魂中败尽。被盗人逃亡，财散横伤命。
艮山子来巽，绝命长房灾。家人多死灭，离乡永不回。
艮山子来离，五鬼孟男灾。官司火殃重，失盗并散财。
艮山子来坤，生炁旺人丁。大发庄田盛，秀子拜朝廷。
艮山子来兑，绝体季子悔。女掌家门事，男颓产业退。
艮山子来乾，福德荫绵绵。季子文章显，富贵旺丁田。
艮山子来坎，天医仲房暖。资财常兴旺，商贾利名显。

二变巽

巽山子来巽，伏位长房灾。损财并夭寿，出外不回来。
巽山子来离，福德精文艺。富贵应期来，子孙兼孝义。
巽山子来坤，天医火土生。紫炁儿孙衍，善行应朱门。
巽山子来兑，游魂凶星会。二子奔他乡，住居无定止。
巽山子来乾，五鬼不堪言。横逆家私败，个个卖田园。
巽山子来坎，生炁相生现。长房孙贵重，五郎显庙廊。

巽山子来艮，绝命长房定。次子败贫穷，妇守男奔竞。
巽山子来震，绝体长幼分。财散子少亡，儿孙鲜安命。

三变乾

乾山子来乾，伏吟病多缠。孤儿寡妇苦，老幼受熬煎。
乾山子来坎，游魂主远遁。小口多夭折，寡妇房中闷。
乾山子来艮，福德星相生。季房多孝弟，贤哉品级人。
乾山子来震，天医二房兴。未免子破败，文艺入公门。
乾山子来巽，五鬼灾殃重。火盗代来侵，子孙皆怨恨。
乾山子来离，绝命长先颓。十载家业尽，妻儿皆自归。
乾山子来坤，绝体二老争。幼儿多幼死，家破远乡多。
乾山子来兑，生炁平平惠。老翁配少娘，女旺子安康。

四变离

离山子来离，伏吟弼星临。小房多内乱，男女败西东。
离山子来坤，游魂不葬坟。阴盛阳丁少，家门不吉星。
离山子来兑，天医一四位。财帛俱丰足，文武尽荣贵。
离山子来乾，绝命克熬煎。长房衰败绝，女婿扫坟前。
离山子来坎，绝体内相刑。男女逃亡外，跛足步难行。
离山子来艮，五鬼家不和。兄弟争废业，妇女作师婆。
离山子来震，生气比和隆。长房五子贵，家豪似石崇。
离山子来巽，福德人慧聪。少房子多秀，文武佐明君。

五变震

震山子来震，做贼官刑分。男巫多忤逆，女婆恣淫行。
震山子来巽，绝体残疾当。小房不离床，家败去他方。
震山子来离，生气五子奇。俊秀文才盛，长发贵多宜。
震山子来坤，五鬼不和平。生离父母去，家业不安宁。
震山子来兑，绝命重重悔。儿孙见面死，泣哭无继嗣。
震山子来乾，天医旺重贤。子孙为僧道，金木自憎嫌。
震山子来坎，福德子孙贤。季儿多富贵，大旺庄田显。
震山子来艮，游魂出外忙。他乡为间里，家眷似淫娼。

六变兑

兑山子来兑，伏吟损长位。子孙灾患伤，产子娘先背。
兑山子来乾，生炁克多嫌。小女婚不正，罕发更聋残。
兑山子来坎，五鬼为贼伴。忤逆凶徒祸，微灾不入算。
兑山子来艮，绝体二房凶。子孙残疾久，男鳏女寡逢。
兑山子来震，绝命犯螟蛉。外出无踪迹，少死受官刑。
兑山子来巽，游魂犯客星。家财多耗败，离散损人丁。
兑山子来离，天医荫仲儿。平头星释道，一二废根基。
兑山子来坤，福德小房荣。文武为官贵，食禄享千钟。

七变坎

坎山子来坎，伏吟中子夭。腰折投河死，产妇身难保。

坎山子来艮，天医火旺星。文武扶明主，丁多富贵因。
坎山子来震，福德三公命。水浸木增财，文武富贵来。
坎山子来巽，生炁旺人丁。爵禄饶富贵，巧艺出其门。
坎山子来离，绝体季房痹。官事多为死，代代出痴迷。
坎山子来坤，绝命家业零。少死因黄疸，后渐少人丁。
坎山子来兑，五鬼贼盗会。劫财衙门使，长房还冤债。
坎山子来乾，游魂自缢悬。淫乱生殃祸，孀居仲绝延。

八变坤

坤山子来坤，伏位人口凶。子孙多残疾，女守家困穷。
坤山子来兑，福德旺小房。五男多孝义，文武列岩廊。
坤山子来乾，绝体祸孤孀。后代家业破，贫苦命难当。
坤山子来坎，绝命子孙断。破家身无依，空拳如何算。
坤山子来艮，田蚕生炁盛。儿女列成行，富贵天星定。
坤山子来震，五鬼乱胡行。忤逆为贼盗；官灾牢狱刑。
坤山子来巽，天医仲房称。子贤文秀显，高爵王家赠。
坤山子来离，游魂远途迷。女掌家财散，不久在庭除。

总评

右将八卦配天星，此是青囊奥旨文。
识得干支归卦例，三吉六秀掌中抡。
以芥投针为妙诀，毫厘差错误生民。
欲明微理无多子，熟玩青囊古本经。
熟玩自知真谛诀，试覆王侯官贵坟。

青囊海角经卷二

上 集

天德神，数乃尊。理顺逆，万机纯。六甲运，五行赋。法五子，遁八门。布雷使，察金精。御五气，摄九灵。锄叛逆，超神英。

天书首文，天德至尊。天五地六，顺流逆行。八门遁甲，驱使风雷。莫不以五气，摄乎九灵。赤松子传文。

混沌未分，三才一气。清浊奠位，神物是对。八卦甲子，象数察理。仰观俯察，默运其机。阴阳五行，厥德昭示。阳精日华，阴精月体。禀灵五曜，巡布四维。四时依候，子午定机。扶桑寅也。掩山，阴育阳施。出入往来，虞渊弗替。神气昭上，下应厥帝。青灵木德，地峙泰岳。在天为岁，甲木乙草。司春震位，绛灵火德。地峙衡岳，在天荧惑。丙火丁烟，司夏曰离。皓灵金德，地峙华岳。在天太白，庚金辛石。司秋应兑，元灵水德。地峙恒岳，在天曰辰。壬水癸泉，司冬曰坎。黄中土德，地峙嵩岳。在天为镇，戊土己灰。司中立极，二十八宿。因方定纪，寒暑推迁。运旋于气，元胞化生不替。阴阳奇偶，惟数是最，阳数始一三五七九，阴数始二四六八十。处中制外，天五地六。阳不孤生，阴不虚成。倍十天干，十二地支。静以主内，动以外施。周布六旬，各生五炁。归甲归庚，数品盈虚。八卦甲子，物物全机。

白极函三，三白攸分。甲戊辅帝，乙丙丁奇。枢由震发，甲戊更推。运阳握阴，阳发阴颓。六甲遁旬，六壬终维。六丁阴明，西兑寄体。

甲子一炁为五行始，丙子九炁为五行本，丙至甲九。戊子七炁为五行标，戊至甲七。庚子五炁为五行体，庚至甲五。壬子三炁为五行终。东方壬子至庚得九炁，南方戊子至庚得三炁，中央庚子至庚得一炁，西方甲子至庚得七炁,北方丙子至庚得五炁。化气化象由乎庚,甲戌为天罡,斗柄主运用遁甲。以甲戌乙亥丙子丁丑为北方三台帝位,一坎六乾八艮皆镇乎北,故曰三白,皆三台帝宫也。上台虚精,中台六淳,下台曲星。人有三精,台光灵爽,幽精三台,乃天地级。

九曜九灵,万机听令。七曜惟显,辅弼惟隐。上摄天津,下统群生。

九曜,一曰贪狼,二曰巨门,三曰禄存,四曰文曲,五曰廉贞,六曰武曲,七曰破军,八曰左辅,九曰右弼也。北斗乃是阴阳统会。五星列曜,三元六甲。诸山众真,下元生人。富贵贫贱,寿夭贤愚。幽冥鬼祟,胎卵湿化。悉于斯星,所主施焉。

丘公颂

元女青囊海角经,神仙传授甚分明。有人会得三般卦,五百年中一间生。

青囊自古秘斯文,但覆多年旧冢坟。山水变时局也变,便知吉凶见分明。

五音共使三般卦,八贵都寻六贵龙。若有英贤明此理,间生千载一相逢。

三般大卦如何起,元女当年亲口传。三吉只求来势好,向家须变鬼爻看。

坤为地母,诸山所托。察龙坤卦,索求三吉。本龙以鬼爻求三吉,而收四方砂之局气。向卦以鬼爻索求流水之吉凶,次定三吉,而成消纳之吉气。

五行生旺要精通,放水安坟出此中,但用向中装本卦,便知流水吉和凶。

青囊五行,专用八卦。龙之五行,察砂之旺气。向之五行,察水之旺气。

八星有主谁能识,地下称尊少人知。惟有赤松明此理,后来翻做八山推。

古人执坤卦索求三吉,更不用五凶砂水也。惟赤松察阴阳之妙,变通之机，八山之索，俱用三吉，故不滞于六龙。六龙之外而获富贵者，终不免五凶之祸，此术之所以为神也。

阴阳俱有少流源，但有长冈并远峦。用得步中生炁穴，也多财禄也多官。此言有山无水者之局。

须阴阳双上，山高旺气，兑龙丙丁起，艮龙丙辛丁起。三吉之山，龙行长远。虽无水朝逆，立向安坟，亦主大发富贵。

阴阳位上本无山，只有长水活涧泉。但向水流朝揖处，此间荣贵胜如山。此言有水无山者之局。

凡三吉若得一水长远，虽无山阜之主水行生旺，迎水作穴，主大富贵。

阴阳山水俱周足，此地寻常莫与人。多福神祇常护惜，折君年命损君身。

阴阳混杂事难期，纵合天星未可知。用得一宫山水足，断他富贵未无疑。

三阳高大入云霄，驷马高车德动朝。贤俊子孙清又贵，为官代代出英豪。

五凶砂水不全无，大抵须令向外居。若也不高当吉位，自然祸患永消除。

来山不合六条龙，空自千重与万重。漫说子孙荣贵事，心应难免祸灾凶。

六贵须求十里山，短支旁陇用应难。山行十里非真骨，切莫迁移误世间。

阳位末山男更多，阴山只是旺青娥。阴阳相配俱周足，孝义儿孙发福多。

时师乱说吉和凶，只道山山是吉龙。问到五音观地相，心头撩乱不知踪。

五音共患千般病，八卦频遭万种殃。算得万千神祸事，都缘死葬恶龙冈。

峦头与理气并行而不悖，须取三吉之势而求三吉之卦，庶见体用不相离。

本音衰绝最多凶，切莫安坟向此中。山水缓迎方是吉，艮山寅甲忌相逢。

九曜三吉颂

释贪狼生气木星 ☶

艮为覆碗少人知，却会五行仔细推。天上贪狼加武曲，人丁旺盛永无衰。

生炁来山立大名，更临二木好阡茔。若添水口相回合，子息英雄达帝京。

贪狼远远作来山，艮卦推求亦不难。巽巳尖峰端正揖，富豪官爵出其间。

富贵当年说石崇，坎山艮落后遭凶。思量成败非关命，都为来山坐恶龙。

阴阳相对起高冈，夫妇恩深义不忘。只恐水流文曲去，投河自缢表贞良。

生炁天医一样高，半文半武出英豪。不为卿相多为将，后代儿孙佐圣朝。

贪狼武曲二山高，瓦屋朱门佩印章。财帛不求多自至，子孙荣贵不寻常。

贪狼五鬼并高山，上入云霄势一般。龙虎斗争终发祸，两峰相对忌刀残。

绝命回头入木星，临刑欲死又还生。巨门突起人长寿，武曲加临有贵荣。

释巨门天医土星☷

巨门重叠横财来，古藏金宝遇君开。阳山定是男儿旺，阴山女子发多财。

天医福德一般强，金紫儿孙列雁行。福德若低身小陷，贫穷儿女尽孤孀。

巨门山陷禄存平，家有资财足富盈。禄位若高遭毒死，更添残疾损人丁。

释武曲福德金星☱

兑为武曲一金星，葬后王陵作上卿。独助汉家谁敢敌，一木山高母自刑。

武曲山高水又长，最多金帛与田庄。王陵三代为名将，因是丁山兑水长。

兑山无头何处阡，远朝砂水足盈余。武曲忽然高照起，坎中五鬼自消除。

武曲重重起秀峰，横来财帛富儿孙。月中丹桂连根折，更产英雄武出群。

巽山无足也难行，须向蛇头斩却精。莫使龙蛇相接迓，此方阡葬不安宁。

巽山辰巳里头藏，天医天卦正此当。大水更来生炁位，子孙财帛自盈囊。

巽家原见坎家凶，坎与巽家本不同。天上六龙临墓绝，其家应少白头翁。

坤艮二位是逆情，祸及伊身母自刑。若更一山阴贼到，须忧刀下血腥腥。

震巽比邻为兄弟，漫言他卦禄存星。开辟伏羲女娲祖，至今富贵旺人丁。

震山位秀起重重，富贵须知此地逢。莫把此山为五鬼，须知变化有真龙。

兑上重逢水口朝，高宜高大入云霄。贪狼武曲齐临照，西兑由兹旺六朝。

巨门高大出英贤，高第神童寿命延。山势若来长又远，年年进益横来钱。

一金星上起来冈，石氏当年葬祖场。又有贪狼流水出，合流西去出丁方。

破军福德一般平，进禄添财福更增。绝命若高遭毒药，瘟癀徒死坏家声。

阴山齐起出英雄，昔日黄巢葬祖宗。二十万军心一片，忽然战败走西东。

阳山齐起号金龙，时暂收他太乙宫。无奈廉贞多叛逆，此山天上号狂龙。

释廉贞五鬼火星☲

震为孟仰镇天关，遏逐归期叠嶂看。披拂仁风千里远，人人尽拜将侯官。

五鬼重峰一代官，雄豪多是掌兵权。此山独出堪忧怕，身陷番夷命不还。

水流五鬼入凶方，项羽先茔葬此冈。只得贪狼相救护，廉贞高处自刑伤。

廉贞不得绝无山，只要低平揖冢间。此位有山为将相，如无山势主兵难。

巽上重逢起秀峰，山高还见出神童。巨门星主人长寿，男子为官世命隆。

中　集

位生民，奠宅灵。审卦气，配九星。推三吉，合八门。地母变，上化生。长男震，下逆行。自然气，吉凶定。时感应，如其神。

子房注：天书之文，星卦为尊。八门传变，母气下行。取诸三吉，避之五凶。阴阳祸福，理气感应。岂直生人之富贵，抑且魂魄以高升。

乾坤配合，阴阳始分。三男三女，六象化生。上应九宫，下值八门。五凶三吉，祸福攸臻。坤为地母，天气下行。三爻迭变，贪巨禄文。廉武破辅，弼星九灵。生炁天医，绝体游魂。五鬼福德，绝命本官。长男主震，地母上升。五鬼绝命，天医生炁，游魂绝体，福德本官。三般卦例，用诀神气。

凡三吉，贪主文，武主武，巨主福禄。生炁、官爵、天医、财货、福德、人丁五鬼，横祸官灾，绝命败绝，死亡绝体，残疾刑伤。游魂逃移，淫荡本官，孤寡败亡。

五凶山不宜高大，作主不宜尖射，明堂不宜高陵。三吉平洋，三吉水来，朝平洋三吉，宜向对五凶，外卫不可缺，惟三吉山高，五凶起拱，此即有文有武之象。

震坎艮为三男位，缺陷不旺人丁。巽离兑为女位，高秀主出女贵。

文曲山多，俗尚虚浮而诈。兑宫水积，士无实行而贪。乾甲高而出众，不利子孙，且招宿疾。坤乙高而出众，阴人主事，家道悖逆。

五凶外起，反主权官。甲卯乙起，位列三台。兑丙丁耸，翰苑文明。壬癸离峦，高秀联科。甲第乾起高峦，位极尊崇。坤如圭璧，名登天榜。坤起旌峰，必握兵权。

三吉来山，阴山阳落，阳山阴落。虽无流泉，亦上吉。阳山阳落而阴水朝，阴山阴落而阳水朝，亦次吉。否则不吉，难以取用。

三吉砂水，宜居旺地。五凶砂水，宜退休囚。反此不吉。减旧福而生新殃，若遇吉峰而反进职。

三吉，水朝入上吉，流去次吉，长流大吉，短流次吉。五凶，水朝入大凶，流去小凶，长流大凶，短流小凶。生炁水主官禄，天医水主财货，福德水主人丁。生炁入福德，福德入生炁，旺丁富贵。福德入巨门，子孙聪明，世居显位。天医入福德，横进财宝，地道吉气，少而凶多，故君子寡而小人众。明者取用三吉，昧者误用五凶。

亥 紫微帝极，下宰群生。位极于亥，面敌天屏。巳也。九星运侧，出度授政。北斗七星，居天之中。翊卫天帝之座，上合八卦，下配八门，旁制四时。出度授政，主使十六。神和风雨，水旱设政。施令生杀，万物悉皆系焉。

自两仪剖判之后，真气上腾而为曜星，精气下降而为山岳。在天成象，在地成形，在野成物，在朝象官。天冲四极，昆仑之墟。天门明堂，泰山之精。中掖三台，五灵诸侯。四方名山大川，皆四方之宿。北极近西番，四星曰上相次相。西番之南四星亦然，前后左右四执法。其中一星最赤明者，乃天皇帝座，下照亥地，骨脉清奇，形局合规，产寿贵之人。其次王公卿相，高寿神仙。喜丙丁艮震砂水朝应己宫极星之照，亦主大贵显。

艮 一木星。贪狼生气艮宫，阴中之阳。配合纳丙，阴中之阴。下值天任，为紫炁，为寿星。房心东北二十二星曰天市，艮也。中有一星最赤明者曰帝座，下照艮地，为天子之象，天禄之府，主产寿贵之人。其次王公卿相，节度神仙，皇亲国戚，生人美髯须。

张度之北，四星拱列，曰少微，丙也。下照丙地，亦将相东宫，大大官之位。多回龙，喜侧落。艮山艮落，艮山兑落，艮山庚兑落，艮山巽巳落，艮山乾亥落，艮山辛兑落，皆从阳入阳，有阴水朝至次吉，不则不吉。艮山巳丙落，艮山丁未落，艮山丑癸落，艮山壬亥落，艮山辛戌落，皆从阳入阴，无阳水朝至，亦上吉。艮水兑出，艮水巽出，若值阴山，上吉，否则不吉。艮水丙出，艮水辛出，艮水丁出，皆从阳入阴，俱上吉。

丙山巳丙落，丙山壬亥落，丙山辛戌落，丙山丁未落，皆从阴入阴，有阳水朝至次吉，无不吉。

丙山艮落，丙山巽落，丙山兑落，皆从阴入阳，俱上吉。

丙山丑艮落，庚兑落，乾亥落，辛兑落，皆从阴入阳，着有阴水朝至，骤发富贵，否则亦系上吉。

丙水艮出，或兑出，巽出，皆从阴入阳，俱上吉。

丙水丁出，或辛出，巳出，亥出，皆从阴入阴，阳山上吉，阴山不吉。

艮龙主文，皇亲国戚，忠良正直，孝义慈爱，喜丙丁折注，主少子中子先福。

辛水辛峰，主少年科甲，壬午水入，中子不利。巽卯水入主寿者，贫而禄者夭。

巳亥水入，诸房均福。酉庚水入，文武全才，

辰水朝入，主学佛老。坤申水入，主有孤寡，

乾乙水入，主生白蚁。坎癸水入，主祸灾殃。

丙龙为赦文主禄，贵旺人丁喜艮砂。水主长寿中少先，发喜回龙侧落三。阳水会累世富贵，子午水仲房军贼。申寅甲水，季子不祥。辰戌丑未水，孤寡少亡。壬癸水长生灾殃，乾水祸生不测。

艮丙水去长来远主，学问智谋，文武全才，金紫不绝。入巽辛兑丁，大富贵。先旺中小荫，亥卯未寅午戌，大发财禄。申子辰年，先进小房，其次中房。利丑寅，应二与八年。

巽 一土星。巨门天医巽官，阴中之阳，配合纳辛，阴中之阴。下值天辅，主阴德，荐为天帝文章之府。天屏巳也。东维五星曰尚书，下照巽地，亦天子之象。其次公侯卿监牧郎官。五里以下者，非足金玉、旺财禄、骨脉清奇、魁元甲第，或因姻亲荣显。

庚龙季殃。遇坤申寅，甲水入长子殃。辰戌丑未，小子不吉。酉水军徒，子午仲房军贼，壬癸长房瘟癀。子丑寅年利。

辛 辛龙辞藻文章。胃昴东二星最赤明者，下照辛地，出高寿神仙，忠贞义士，多辩才，旺人丁。喜震艮巽砂水，主中房。三阳会辛水，主少年科第。亥流而入，积世公卿。巽水厚禄，卯水入主兵权，丙丁水入主长寿，寅甲水入主凶豪。巳水仲吉，乙水长凶。戌乾小长皆刑，辰戌间主自刎。子癸饥寒，壬午离乡，丑未淫盗，子丑寅辰巳利卯，牛羊皆利。

巽辛水入来，长远大富贵，女主施权。艮丙先进，中男财禄。入兑丁科甲寿算。艮峰小男贵，显应在申子辰年，旺财禄五年，十载内大旺。

巽山辛戌落，艮兑落，壬亥落，巳丙落，丁未落，皆从阳入阴，即无阳水朝至，亦上吉。

巽山巽落，兑落，艮落，乾亥落，皆从阳入阳，有阴水朝至次吉，否则不吉。

巽水艮出，或兑出，若值阴山上吉，否则不吉。

巽水辛出，亥出，丁出，丙出，皆从阳入阴，上吉。

辛山辛落，巳丙落，丁未落，辛兑落，巽巳落，皆从阴入阴，有阳水朝至次吉，否则不吉。

辛山巽落，庚兑落，艮落，乾亥落，皆从阴入阳，有阴水朝至，主骤富贵，即无亦上吉。

辛水兑出，巽艮出，皆从阴入阳，上吉。

辛水丙出，丁出，阳山上吉，阴山不吉。

兑 一金武曲福德兑官，阴中之阳，配合纳丁，阴中之阴，下值天柱，少微之官，乃天帝之臣，为国将金戈之库，词藻文章之府，主文章闻誉。主阁阳，兑也。为宝曜。胃昴之东二星最赤明者，曰天乙贵人，下照兑宫辛位，出文武全才，产谋略，亦产高寿神仙。喜丙丁砂水丁艮之气，主长子事。巽流厚禄，卯水兵权，戌水小凶，乾水长祸，巳水仲吉，乙水长殃。离壬淫盗，冲射离乡，亥流富贵。左旋迪吉，辰戌间主自刎。寅甲多主豪强，子癸饥寒，丑未孤寡，艮主重禄，丙人永年，子辰巳午未年利葬。

兑山乾落，艮落，丑落，巽巳落，庚兑落，震落，亥坎落，皆从阳入阳，有阴水朝至次吉，否则不吉。

兑山丁未落，巳丙落，壬癸落，皆从阳入阴，即无阳水朝至，亦主上吉。

兑水巽出，艮出，皆从阳入阳，阴山上吉，阳水不吉。

兑水丙出，辛出，亥出，皆从阳入阴，上吉。

酉 少微之南一星，名曰老人星，秋分丑时出地二丈，常出丙入丁，产偏方英雄之主，主后妃夫人、公卿大夫、公侯将相。十里卿监、八九里郎官，牧守以下非也。丁方低陷，文人不寿。庚酉水至，众房均福。坤水内淫外亡，艮辛仲吉，亥卯长贵。丙主清奇，巽招女贵，丑寅僧道，子癸孤寡，寅甲横灭，壬位水厄，乾戌白蚁，利子辰巳，未申半吉。

丁山丁落，丙落，辛落，戌落，亥壬落，皆从阴入阴，有阳水朝至次吉，否则不吉。

丁山兑落，艮落，乾亥落，巽巳落，震落，皆从阴入阳，无阳水朝至，亦上吉。

丁水兑出，艮出，巽出，皆从阴入阳，俱上吉。

丁水丙出，辛出，阳山上吉，阴山不吉。

兑山低陷，利名蹭蹬，初年少微。积水，士无实行而贪。阳间山低，多主阵亡。庚兑同行，武职刑孤。辛酉并出，科甲连登。应小房。

兑水丁山长远，人才蕃盛，入巽辛艮丙，出王佐之才。已酉丑年，大进财禄。应四与八年。乾主离乡淫贱，离主火殃劫煞，艮丙主兵权，巽主文明，坤主横法。

震　独火廉贞，五鬼震宫。阴中之阳，配合纳庚。阴中之阴，下值天衡。主天狱，为天潢，为红旗，乃天帝之纠煞，以伐无道者也。

离　一水文曲，游魂离宫。阳中之阳，配合纳壬。值天英阳中之阴，乃文明之象，为天霁、天马，主音律，好杀伐，旁制有罪。紫微之东四星曰四辅，下照亥地，位北斗出度授政，骤富贵，不绵远，先败小房。同丙至必主回禄。亥主遭刑，见庚丙，女人好学。

坎　二金破军，绝命坎宫。阳中之阳，配合纳癸。阳中之阴，下值天蓬。主瑶光，为天官上将之威权。荣官骤富，四围兵盗辄应之。癸主名誉大职，多六指。癸水阳配产双生，见牲乌白子，即主骤发。

乾　二土禄存，绝体乾宫。阳中之阳，配合纳甲。下值天心，阳中之阴。主机星相君，象北极之大将，为天厩，为白雾。

坤　三木辅弼，本官坤宫。阴中之阴，配合纳乙。下值天芮，阳中之阴。主武戈招摇，好朋比谮夺，税近大臣，为天寡。凡三吉之山，有震庚砂水朝揖，骤发财福，速进官禄，兼有权势。见坎离山水，主诛灭。乾坤忤逆刑祸，产智谋，商贾发财，喜庚辛巽支砂水葬，利寅卯巳午戌岁，福德应与二八年分。

三吉水俱长远，而砂水合规，大富贵之地。如无朝迎，亦富贵也。但得一水长远，水行旺，迎水作穴，即大富贵，不必拘山阜作主。最喜阴阳双上，山高旺气，如兑龙丙丁起，艮龙丙辛丁应是也。测龙审其方，不必拘于曲折，大转换则测其变龙之尕，不必以入首拘也。立法虽神，妙在用法。

青囊权衡

八卦九宫，五行弗离。坤为土德，土中归骸。金并全气，元胞化生不替。骨骸反土，气体被后精神。入门各有所摄。

葬埋得生气，亡魂升，死魄温，生人福，子孙衍。得浊气，亡魂坠，死魄朽，生人祸，子孙败也。

天机权衡

八禄八刃而用八禄，忌八刃。即子起壬初，支干就禄也，缝针也，地纪也。

此双行之龙法，专以地支作龙，天干作穴。穴作八向，朝迎之水亦用天干作向，又用地支加用穴。先一位起子，推行二十四山，遇乾坤艮巽为四气元胞，可致骤发。丙为贪狼木星穴法，三十年后乃发，不论五凶三吉也。余为人救贫，无不应验。

来以生气，畏以八吹。不周广莫，乾坎。轇轕凉风。坤艮。明庶清明，震巽。景风阊阖。离兑。穴径浅深，弗替弗零。坎尊其始，甲角震耳。八山对求，乾当在癸。龙目宛宛，直离之丁。兑坎为鼻，艮点校者注：此处原缺一字。为唇。卦气测位，三吉相因。五姓和融，六壬步占。斯文之道，德齐群生。生成之穴，不步可知。疑难之穴，非步不能。六壬步占之法，上以分水，下以合流，周尺八寸为矩。首步甲子，一步一神。长则十步一神，遇甲为麒麟，丙为凤凰，庚为彰光，壬为玉堂，为四兽吉步。又勿犯六甲，旬中之空亡，弗犯克姓之音，再以天禽加四兽之上，以氐、尾、箕、斗、危、室、胃、昴、毕、星、张、轸为上吉之禽，星、牛、房、参、井为次吉。又以合水起步，至本穴，如丙向，以艮变卦，自上迭下，生炁在坤乙，以坐山之壬加向中之支，一步壬午，二步癸未，加三吉于本步，入首高于众山，为大明堂。上起九步为龙，下起七步为虎，入首低于众山，为小明堂。上起七步为龙穴，下起五步为虎穴，使两不相冲，以合为穴。若值八煞五鬼，降煞绝体，龙虎冲射，则官非横逆，死亡立至。三吉之龙，非三吉之穴，三吉之穴，非三吉之步，立见祸殃。五赋相生，福及家门。五赋相刑，家鬼入庭。法每一折，满而后泄。吉气注穴，富贵不歇。

一气主龙一寸，管一年折水，注向一步管一年，又主一命。亥艮宜注庚亥，丙丁折注，忌卯。巽兑注艮，巽折注，忌离。壬丙丁卯龙忌庚辛，宜亥。艮丙丁龙注兑卯，忌亥。庚辛龙注卯艮巽，忌亥。丙丁为克。

放水之法，只放天干。阴以放阴，阳以放阳。

兑巽艮放丙辛丁，丙辛丁放兑巽艮，为控告空亡。亥山放巳，丙艮放丙庚，巽山放丁兑，丁山放辛，庚山放艮，酉卯山放丙壬，离山放乙，坤山放寅，为花罗水。马上御街为建才，马不上街不及第。秀才空有好文章，为官定出真山水。乾坤艮巽贵人乡，甲乙丙丁为正马，子午卯酉为旗枪。乾为帝座称天禄，坤为帝辇号玉堂。文权一例推艮巽，天门原来推甲方。风禄风马起丁巽，乙辰巽上马蹄忙。马蹄踏破御街水，秀才出去状元郎。丙宫合格朝天马，辛是朝中御笔方。

墓宅折水放花罗，人家百事见荣亨。水流出去家门吉，文誉英豪动帝京。

空亡之水主钱财，一则荣官二济美。不论凶山并要水，亡灵安稳益生人。

建才之水自然昌，墓水须流不可忘。合得仙机折此水，人家富贵足千仓。

寅申巳亥为亡神，劫煞之位。子午卯酉为桃花，咸池之位。辰戌丑未为墓库，黄泉之位。此位阙。水遇太岁冲年，则发祸殃。

放宅水，忌冲梁，忌冲栋，忌破架，弗偏归左右，忌直去当心，祸应甚速。

乾坤艮巽为孟，居长。甲庚丙壬为仲，主中。乙辛丁癸为季，主小。放水宜小不宜大，沟头撞命，则那半步。

步穴起撞及放水，八干相对，丙向起壬午，壬向起丙子，巽向起戊辰，乾向起戊戌，寅向起己丑，坤向起乙未，辰向起戊辰，戌向起戊戌，未向起己未，丑向起己丑。乾巽辰戌子午皆属戊，艮卯坤寅丑未酉皆属巳，一步算一命。

除缝十二空余，六十甲子分金。如壬穴丙向，艮纳丙，自上变下，生炁在坤。龙从亥入，癸亥巨门，辛亥破军，己亥廉贞，丁亥禄存，乙亥贪狼。如龙从子入，甲子武曲，丙子辅弼，戊子巨门，庚子文曲，壬子廉贞。戊配坎顺，己配离逆。

六壬元空以子、建唇。癸丑、除脐。艮寅、满目。甲卯、平尾。乙辰、定颡。巽巳、执腹。丙午、破角。丁未、危耳。坤申、成腰。庚酉、收足。辛戌，开鼻。乾亥、闭肠。壬。

天罡、太乙、胜光小吉，传送、从魁、河奎登明、神后大吉。功曹、太冲，亦取唇、脐、目、尾、颡、腹、角、耳、腰、足、鼻、肠。配支十二将。

葬龙唇子癸，按龙角午丁，不三年，自消索。出人少死外逃亡，存殁幽冥皆不乐。　主长不利，申子辰生人及年月应。

葬龙脐丑艮，按龙耳未坤，不三年，天禄至。儿孙富贵永绵绵，果显山川钟秀气。　主仲季大利，申子辰寅午戌生人应。

葬龙目寅甲，按龙腰申庚，女淫男欲到处飘。出人残疾多聋哑，横祸非灾官事招。　主仲不利，寅午戌，生人及年月应。

葬龙尾卯乙，按龙足酉辛，歌舞应前生巫祝。从此败了旧门庭，男女私情多淫欲。　主小不利，申子辰生人及年月应。

葬龙颡辰巽，按龙鼻乾戌，白日升天将相业。儿孙年少早登科，秀水朝来为第一。主长少利，巳酉丑生人及年月应。

葬龙腹巳丙，按龙肠亥壬，吉曜加临贵亦彰。目前富贵休夸说，只恐儿孙不久长。　主长利，巳酉丑生人及年月应。

葬龙角午丁，按龙唇子癸，不久儿孙作配军。飞来灾祸重重见，八卦流年不顺情。　主长不利，申子辰生人及年月应。

葬龙耳未坤，按龙脐丑艮，子孙官位不为低。飞黄腾达朝天阙，福寿双全富贵齐。　主仲小利，申子辰生人及年月应。

葬龙腰申庚，按龙目寅甲，下后非灾来甚速。人亡家破一场空，纵有儿孙无住屋。　主中不利，申子辰生人及年月应。

葬龙足酉辛，按龙尾乙卯，无衣无食无居址。填房入舍作螟蛉，走卒马前谁让你。　主小不利，申子辰生人及年月应。

葬龙鼻戌乾，按龙颡辰巽，子孙封侯州郡长。山川秀气自天裁，奋发如雷天下仰。　主长利，申子辰生人及年月应。

葬龙肠亥壬，按龙腹巳丙，官爵虽高被诛戮。纵然发达不悠久，子子孙孙受劳碌。　主长房应，申子辰生人及年月应。

右法如此，若阴阳正配，形局合规，难尽拘此，否则不可犯。

丘公颂

得地方知下穴难，时师莫把等闲看。未明六甲来山诀，莫去山头错认山。
不合星山莫用心，坏他山水误他人。吉凶自有天然穴，用得天然穴始宁。
星山折水须知诀，六甲虽同用不同。若值本宫无气穴，儿孙犹恐受贫穷。
天禽地兽本来同，行步分明逐六龙。后代不知安穴法，下之多有祸灾凶。
六龙只得一条山，五姓相生更可安。合得阴阳山水位，扦茔富贵出英贤。
来山虽吉姓相刑，祸福相兼岁岁生。若值本宫和合处，更无灾眚及儿孙。
武曲来龙自古强，角音葬此受灾殃。非他吉地为凶地，自是时师不审详。

按姓非天成之音，何以叶穴，盖五音甲子，符合真言，能察吉凶，太岁之音叶穴，气通神之妙，真入之言，良非虚也。

天星八卦细推详，八卦明时配六龙。定取穴中三吉穴，自然财禄免灾凶。
八山八煞要详明，天上呼为绝体名。乾坤艮巽重叠见，坎离震兑递相并。
八山降煞最多凶，水入山家五鬼宫。代代子孙多病死，灾瘟徒配坏家风。
来龙骨格脉分明，须看年星与月星。年月星辰相会合，自然富贵与安宁。
寻龙须要问五行，更将年月合龙形。龙形五星相会合，家门灾祸永无生。
一条流水一条山，坐向分明正好安。但合本音年与月，断然财禄旺家门。

寻龙论理篇

凡山之吉凶，川之善恶，固以形之方广平和，无冲射转激之患。然其所致福，有气机在焉。即如草木根苗花实皆同，而有五味之异；人之耳目口鼻身体发肤皆同，有圣愚之别。可见在炁而不在形也。登山寻龙，细认祖宗。龙脉降势，护送朝迎。坐穴端正，关锁重重。明堂正聚，便是真龙。起伏过峡，剥换克生。金圆木直，土乃方平。火尖水动，正是五星。中生巧奇，两边生爪。隐隐隆隆，看取后峰，有石阴纵。就水临泥，看脉微微。中高一寸，便得真机。认取端的，方识根基。罗星塞沓，便是禽鬼。水口关阑，其中可取。龙穴真机，要识高低。山厚人肥，山瘦人饥。山清人秀，山浊人迷。山宁人驻，山走人离。山雄人勇，山缩人痴。山顺人孝，山逆人亏。脉真易下，气真易识。高不露风，低不脱脉。龙穴分明，何劳心力。似有似无，藏踪闪迹。草蛇灰线，细认来的。仰掌平坡，铺毡展席。这等形模，使人难识。切记合襟，明堂要聚。点穴穿珠，如人针灸。脉不离棺，棺不离脉。棺脉两就，移花接木。脱脉离棺，烂坏骨殖。伤脉败龙，虫蚁自入。细认来情，毫厘莫忽。龙从左来，脉居右扦。右畔龙来，穴居左裁。上分下合，要有护托。正脉取斜，斜脉取正，曲脉取直，斗脉取饶，饶脉取斗，双脉取单，单脉取实。无处取有，断处取续，硬处取软，散处取就。大山取小，小山取大，长处取短，短处取长，石处取土，土山取石，刚用其柔，柔用其刚，雌变为雄，雄变为雌，三山并出，缩者为尊。正脉取头，横脉取腰，挨生剪死，抄搭为勾，形须左右，穴居两畔，左挨右看，其应若响，高大为雄，低小为雌，俯者为阴，仰者为阳，动者为生，静者为死，急脉取缓，缓脉取急，高山取窟，平地取突，正脉开钳，或取球檐，左勾右搭，金鱼要合，更看龙虎，饶赋顺逆，脉取聚处，葬其所聚。八风不吹，八将要明，众水要归，四神要拱，三合要聚，三阳要全。钳唇窝脑，其穴难讨，枪头覆钟，切忌八风。狗薮蛇虫，葬后动瘟，破衣百结，葬后宜绝。锯床筲箕，其穴切忌，水直池尖，死鳝忌之。颜突插镢，其穴无益，若有窝突，方可扦穴，若无窝突，劝君莫掘。龙穴砂水，四伴无主，真龙正处，砂水皆聚，有龙无穴，官事败绝，有穴无龙，家无老翁，社庙鬼龙，葬后必凶。水中无穴，官灾祸绝，高看腌脐，低看合襟，要明倒杖，盖粘倚撞，肥瘦方圆，标准浅深。天地人穴，上中下裁，大小八字，天乙太乙，点穴真机，手中为则，大指点根，盐指点节，左右仙宫，虎口为同，上分个字，下分球须，个字三叉，禾鳌生口。水星要抱，蟹眼虾须，标准三阳，金鱼界水，护托明堂，内藏金斗，外掩人口。穴要藏煞，葬后便发，误指山冈，立见灾殃。龙穴端正，富贵天定，左右直长，退败凄惶，前后尖锋，富贵三公，横尸露骨，多主宿疾，明堂掌心，积玉堆金，明堂倾泻，退败凶绝。四畔山飞，父子东西，水若之元，便进田庄，前湾后弓，富贵无穷，左右斜返，请君莫看。水怕直流，牵动土牛，淋头割脚，瘟瘴退落，田塍水圳，横者为进，直射穿心，灾祸难禁。砂水斜散，何足为算，得此口功，知吉知凶。若明此诀，两眼如漆，认看不真，误杀多人。不识来龙，岂明吉凶？不会点穴，其家败绝。不会消砂，凶祸如麻。不会纳水，灾来财退。龙穴砂水，四字之宰。了明斯法，葬者必发。

下 集

尖方圆动直，行时逶曲递，流行停四望，归八方形变，异秘内神背，幽关迎阳明。

山陵丘垤，形势万状，或群队而来，或单独而至，或有案无案，或有左有右，或无左无右。主山与众，亦各不同。或偏落，或正落，或迎水，或迎朝，无拘定体。但取骨格之奇异，血脉之长远，肌肉之丰厚，皮毛之滋荣，气局之盛衰。众高取低，众低取高，众斜取正，众正取斜，众直取横，众横取直，众硬取软，众软取硬，不以龙虎左右拘也。

楚蜀闽广江浙，其间大地多有应案朝从之属。燕魏等地，多长江独岭，应案朝从，往往无之。但看肌肉之丰厚，急峻则速暴，低缓则迟久。

山势千支万万派，其中认取一山怪。怪异山冈正是龙，原来不怪是虚空。

最忌龙虎斗争。山无首尾，乃无主之山。从冈短岭，细小峰堆，或方或圆，虽形势平正，皆为黑道天窍怪穴，慎弗以奇而误用之也。

山势成龙土亦温，茂林修竹木盘根。灵源怪石天然巧，吐气兴云看晓昏。

冬夏二至，晨昏雨后，气升如盖，如禽主文，如兽主武，气异极贵，或如石门，或隐隐如千石仓，或如山镇，或如楼屋在云雾中，此异气也。凡气雾浓盛者，此吉地也。五岳四渎，名山大川。黄河九曲，界气坡坪。川江浙流，界气阜陵。山冈陇麓，界气泽城。平洋审气，大合厥襟。近视砥平，远视雾蒸。聚神为慧，聚气为星。大为都郡，小为宅灵。五清六浊，配气受冥。乘以生气，温骨藏精。

山势之降，如龙飞凤舞，蛇盘虎踞，牛奔马走，列军出阵，屯兵驻马，列旗堆甲，几笏印箱，交床旌节，排衙唱喏，谢恩拜勅。平洋之势，如覆舟偃月，泥蛇土鳖，风中游丝，灰中拖线，形势万状，奇怪百出。莫不看水之界合而定之也。

明堂之前，不论有水无水，但草木滋荣，四山盘绕，支陇四挥，即为贵地。水之所宜，不拘江湖溪涧泉池沟壑渠堰，以宽平朝揖有情为贵。山之朝揖，不必拘于直来横至，或隔江湖溪涧，或隔道途陂池，不论高低大小，皆相称焉。但起处与冢相朝揖，即不长远亦吉。真龙自有真朝应，朝应无情不可扦。譬如贵人当面立，与我情意不相关。

山势背庆，丑恶不端，败家荒城，枯槁不润，砂石水清，鬼劫离乡，皆所不葬。

童山无草自来凶，体若肥圆是吉龙。断山横斩气难过，若是蜂腰更不同。过山气脉势不住，龙虎归朝亦不虚。石山为主气完全，红润如珠却有情。独山无从多起伏，此龙未可等闲目。龙若单行无左右，更喜近案如弓曲。

势止卧峙，若流若住。势降低昂，若翔若踞。奇毛异骨，无上之最。八山异势，宾主异形。九星异迹，九宫异名。五赋定体，八索为徵。左降右伏，前翔后镇。眠山积石，因势定情。乎漫为蓄，倾射为冷。五凶避忌，三吉趋迎。

大峰降势，曰都天，一气分受。列峰降势，曰横天，众气分受。三峰曰仙童，双峰曰玉女。三峰中尖者曰凤辇，中方曰玉辇。六七小土峰曰文阵，六七小石峰曰武阵，土石一峰直上曰旌节。

神仙之地，五云楼台，一现一复，丹炉天梯，生蛇截水，鹤驾仙桥。

后妃之地，寅卯起伏，巳午低昂，戌亥盘曲，似散花冈。

王爵之地，大浪横江，云气相从，变云九折，大水缠包。

相公之地，三盖内藏，绣郭为冈，平洋雾蒸，三叠土方。

侯伯之地，龙马腾起，大枪大旗，石柱玉龟，形若兽奇。

九卿之地，体势平夷，势若游龙，土厚草丰。

方岳之地，势若卧牛，土厚草茂，曲脚拳头。

龙池出脉，翰苑之贵。
冲霄贪曜，六曹之最。
台下文星，黄阁之地。
文昌照野，侍从之位。
天马席帽，监司之应。
鱼袋双连，朝贵之应。
文笔插耳，庚金之贵。
形如水鳖，大夫之位。
气象深沉，谋略之贵。
太阴土星，八座之位。
案头文笔，知通之地。
四面金坚，降番之职。
宝曜兜鍪，武职之地。

乾势起伏，山脉来长。无龙有虎，阔厚而方。坤势迎柔，隐复不倾。有龙无虎，广厚长平。艮势逶迤，高峰而凌。钩锁连衡，朝拱四正。震势蟠峙，耸拔而峨。婆娑盘曲，土厚气和。巽势锐峰，丰盈而雄。不用龙虎，外藏八风。离势穿地，突起而崇。宛转回复，首尾相从。兑势雄来，坡正而垂。内秘五行，方广平夷。坎势曲折，起顿而长。龙虎护穴，秀直而昂。

丘公颂

吉地由来不比常，但求龙虎势来长。若还十里无决破，世代儿孙坐庙廊。

来山须得龙离母，起伏迢迢百里长。损寿破财人败绝，皆因祖葬大山冈。

远远寻龙到水边，好将坟穴逆安扦。何须更问诸山足，只此饶财又出官。

一条流水远兼长，秀水湾环入旺方。百里以来多起伏，定知此地不寻常。

十二龙形各不同，细分头尾认真踪。此山来长百里远，葬者须居太乙宫。

六般凤穴巧安排，须是重重羽翼开。百里以来无断绝，儿孙官职此中来。

高昂勒马转回头，伏虎湾腰傍水流。卧犬卧牛头角异，多因争战得封侯。

禽如生耳文星现，兽角峥嵘武职当。水口有洲多变异，定知财福不寻常。

文曲水

水星成形初不常，不方不直不高昂。不圆不厚不尖秀，蛾眉断月多平洋。

卷地连舟抛节藻，幢旛飘带随风扬。欲行有如浪涛发，欲住犹如酥在汤。

旋涡龙蟠并象卷，蜿蜒生蛇并卧犬。天虹饮涧势浑豪，风吹罗带流苏软。

或三或五脚低悬，但取中支须入选。此星取长不取短，却嫌细曲如鳅鳝。

或从百里十里来，三里五里皆回转。涨天银河起潮头，天门回转惊雷电。

平湖细浪卷飞花，风帆竿尾凭天变。势止成形顺逆殊，入穴根身稍贯串。

草蛇有骨逐逶迤，灰线无脉牵直衍。只须辨得传变精，得失荣枯当自见。

涨天为帐重重起，宰相功臣位。若见腾云太阴星，少年登科第。涨天为帐贪狼起，低作州官高八位。涨天水出太阴金，男为驸马女妃嫔。涨天水下旌旗漾，才全文武多为将。涨天后来贪狼起，定出知州兵马贵。涨天水下巨门土，矮大人富死外路。涨天生蛇因女旺，产人发福体修长。文曲若是贪狼乡，贪禄不须言。不是横木不须看，到任便无官。文曲偕木侍郎官，双举同科荐。水星若盖金鸾秀，年少登科骤。低小星峦难及第，因亲置田地。平地芦花三裊同，食禄至千钟，芦花裊水东西点，极贵声名显。十里五里芦花裊，状元宰相地。文曲曜气走金蛇，榜眼出其家。

廉贞火

火星或正或不正，焰动斜飞为本性。高张云雾势峻嶒，宝殿龙楼为正应。斜扬风扫烟霞飞，火焰烧天遗电影。或如天马走云中，或如旌旗插霄汉。或为锯齿或雷车，攒前应后形无定。碎石巉岩体甚雄，两翼舒张势不同。或走平洋乱石间，或为禽曜水中生。廉贞若兼文曲贪，其地断然生贵人。变入巨低微，列土侯王地。双峰端正起，兄弟同科第。楼台笔架为应龙，状元与神童。若还斜侧练兵山，罗暎司监官。好龙若生天地盖，八座中书位。侵天端正重重起，与国同兴废。火焰重重高出尖，上将掌兵权。火木将来特起高，金吾上将豪。廉贞变土上青云，镇国大将军。低小尖锋局秀清，科甲继相登。若见三峰三代贵，博士便为最。火星倒地落平洋，公侯将相催，若见金水不为良，罢职换妻娘。

贪狼木

贪狼直秀不斜欹，正竖耸拔如云梯，萌芽齿列如排秀，冲霄双耸夜叉齐。贵人文笔插青霄，蔽天剑戟相护卫。横如一字直引绳，势如卧蚕及卧龙。入水相生相继续，祖宗衍秀高重重。此星取大不取小，三三五五相连绕。三台圭笋峙清高，下有真龙枕池沼。或似佳人带雪飘，乱枪插地开华表。平地木星一字横，天书玉尺无根生。转岭木星如判笔，横枪列剑龙峥嵘。倒地木星似卧蚕，形局平和世所珍。直耸只宜安股肱，富贵绵绵相继生。

贪狼重重帐出身，官职任京城。贪狼若见水变生，护国大将军。贪狼圆圆尖峰起,枢密龙图地。贪狼同行土穴生,此位出公卿。贪狼势若奎字木,声名天下禄。贪狼背后落空亡,葬后绝儿郎。贪狼相克多刑伤,一贵便身亡。贪狼身秀生金脑,为官多起倒。贪狼入巨最多凶,灾祸起重重。

武曲金

武曲圆厚无欹仄,顿鼓悬钟觅端的。沐卯连珠列垒生,半月炤珠穿水脉。低微覆釜及覆舟,金盘月晕吐泉流。老蚌吐珠龙可贵,新蟾出海悬银钩。此星最厚不取薄,三三五五如城郭。或如宝盖耸层峦,或如莲花形绰约。平撒氍毹裀褥圆,出水仍分内外幕。端正方知福禄昌,六龙拨聚无枝脚。

武曲品字主三台,官职此中推。武曲高大为坐库,财宝积无数。武曲金星微微起,定主登科第。武曲似剑人谁识,降番大武职。金星起顶似梅花,宰相坐京华。透天金星似人形,定主功臣应。侧面金星似射天,一举中魁元。半金仄月如近水,出女多富贵。平地金星似覆笠,县官丞簿职。如珠如蛋如覆盘,知州兵马官。武曲摆开似旗形,因武得官荣。两金并起夹一水,断出县官位。廉贞降武面大江,榜眼探花郎。武曲若见前是土,巨富人大度。金星两起夹一土,登科过房户。金星后面若见土,矮大人豪富。

巨门土

巨门端正不喜偏,巍巍正立如冠冕。楼台罘罳列屏障,御街圭笏连云端。车舆拥从前后峙,兜鍪罗列左右迎。铺金覆箕厨柜列,涌匜突兀平天成。此是天星合正吉,推步之间须隐密。或如卧床或如枕,流棺架尸皆不吉。且观其出是何星,乘制生和辨凶吉。寄旺四时皆作首,长生起祖旺宗嫡。四垣运质向阳明,人杰地灵天象得。土屏带煞号天威,圣明应是此中出。

若见穿珠冕旒龙，断定出三公。前有执笏趋朝应，拜相天生定。御屏带煞号天都，武将公侯出。巨门三五节相连，金穴福绵绵。若是旗鼓两边朝，朝散刺史僚。巨门卓立如顿笏，榜眼神童位。巨门端正出云霄，八位入皇朝。若然伏土似眠弓，武职逞英豪。巨门前后见贪狼，兵马贵应当。巨门若见廉后应，斩砍天生定。巨门高于贪内藏，清举做官郎。

武曲带土为禄存，顿鼓传鼙列兜鍪。形如螃蟹蜘蛛样，多生武将定乾坤。如逢三吉富周全，若带凶神多杀戮。

廉贞带水成破军，头高走旗斜仄身。倾欹破碎皆其体，破脑参差身碎痕。

左辅之星似幞头，常随八曜佐身游。武曲攲斜球大小，杖鼓累卵驼峰伴。

右弼行踪多隐形，如丝如线草蛇惊。上水滩鱼没泥鳖，高水一寸便分明。

行到山穷水尽处，不识隐中藏龙贵。忽然结在水中央，水退偏强干地力。九星三吉妙难寻，多有怪穴朝中得。

文曲遇贪，槎乘浪退，仙翁倚巅，寿星兀坐。

文曲遇贪形聚散，藕丝木骨真龙见，风中摆带飞展动，生生相继无穷衍。拂天涨水势纵横，灵槎流转浑拖练，悬丝玉尺势权衡，北邙曜气端可选。

文曲遇武，胡僧礼拜。浪花滚月，金蟾泊海。

文曲间武波翻月，倒影楼台蘸宫阙，殿攒云遮拥吐唇，或作浮箄或龟鳖。蜘蛛旋网罗蜻蜓，兔伏江边孕秋月。

文曲兼廉，幢旌宝盖，始辱终荣，谏星获福。

文曲间火形乖制，罗网低垂排蛇势，出垂摆动更风流，寺院山林宜占此。

文曲间巨难成局，流棺架囊相连续。穴落平洋凹凸分，若遇瓜藤安节目。

才遇孤单不必寻，须赖两旁多贵助。此星多结平洋地，要有间星全五福。

文曲来山形不变，旌旗闪闪成飞电。谏净功业成巧机，背井离乡名位显。

廉贞独火，石峰堆垛，巉岩无土，非间弗做。

廉贞锐直如飞仙，罗悬峰僧坐禅。自然烟焰参差作，红旗转展得名传。

廉贞间水落平田，死蛇挂树牛轭连。或似反旗斜脚转，惊蛇出草并蚰蜒。

多作蛟潭并鬼窟，若遇间龙方可扦。游侠智谋人荐拔，开国成家富贵绵。

廉贞间武练真宝，电掣雷轰风扫袅。贵人幕下绣墩圆，风铃檐马玎珰小。

尖圆相继向前行，不遇谏龙终犯燥。旗下将军台伏奸，开国成家自天召。

廉贞间武，百炼锋坚，顺制非间，名缰利缠。

廉贞间贪形异常，照天蜡烛势高昂。旗下剑旌逞威武，乱枪插地烛穿苍。

红旗旌节拥前后，宝殿龙楼拥外阳。形势相生垣局备，仁慈忠义觐天堂。

廉贞间巨立层台，富贵双全文武才。未遇真人当秘固，福龙须待福人来。

贪狼直耸如人坐，紫气平头身偃卧。身根稍穴具三停，胸堂手足求真佐。

胸粗倚乳避元辰，反掌股肱插肩窝。人形相似觅其中，虎口钳开身侧卧。

贪狼间水形难捉，左右纵横形杂错。或似贵人引凤凰，或似猛将旌旗卓。

海翁忘机玩鸥鸟，寿星兀坐观龟鹤。倒地木星平地水，水星飘曳木端雅。

二星富贵隔云泥，玉石不分空度臆。贪狼遇曲飞峰走，仙童旌节生福寿。

贪狼遇武多不宜，形势乖张气甚殊。鬼劫纵横形驳杂，蛟潭鬼窟神坛依。九变十二炁充盛，神雷挺火立车欹。神祠洞府获吉鬼，火生傍土谏可持。殷人游侠富韬略，结体肥圆格喜奇。

贪狼遇武，炼铙釜覆，水火炼龙，免遭刑戮。

贪狼遇廉多奇峰，认取子孙符祖宗。递相传变五星足，富贵双全禄位隆。

三八木也。旺东龙祖盛，南北相生换宗嫡。三变西方始养就，天市钟形仍向东。

二龙相变换疆度，周天象数福兴隆。贪狼遇廉锐丛蠹，仁孝忠义世食禄。

贪狼变巨，兰台挂玉。顺制非间，始荣终辱。

贪狼间巨为财气，直方并秀形端丽。贵人捧诰下兰台，圭笏印箱重叠峙。

武曲单行形巨微，妆台梳洗画蛾眉。顿鼓传鼙继恩顺，破楼破殿形倾危。

四九金也。旺西龙祖盛，南火熔金北水宜。武曲兽面看开怀，三台垂乳并金魁。

月晕望弦角背皓，太阳圆健弗偏乖。龟鱼螺蚌珠含吐，扳鞍凹应异天财。

笠坞横冈虚凑脉，斗角天罡破面开。釜钟襟合阴阳气，块然全仗地仙裁。

武曲遇土，父子恩深。厨柜钟鼎，丹陛绣墩。

武曲行龙或遇土，五运推排为父母。钟釜垒垒覆平地，襄笠蓬蓬蔽风雨。楼台罘罳仓库临，胡僧拜礼坛场具，美人抛帛临寒砧。高下方圆形异趣。方台牌开展氍毹。月晕生风日生雨。

武曲间木，月下横琴。终荣终辱，间遇升平。

武曲间木势乖张，戈戟傍边顿鼓枪。双耸夜叉擎水母，青莲丛里伴金仙。春笋峰攒巨石傍，低圆金体木高昂。夜叉著力负宝箧，笔架森罗砚石方。

武曲遇水，月晕波心。荣生贵子，丹陛清吟。武曲间水结奇形，紫微隐隐悬金镜。罗衣散乱熨金斗，阵云拥月升沧溟。相继相生支派远，游鱼成队任纵横。风来袅袅绕屏帐，巨石圆圆螺蚌生。挂壁蜂窝旋蝼蚁，迎檐蛛网张蜻蜓。此龙多结在平洋，山聚脉分形显灵。

武曲遇火，片片重兴。诛伐谏诤，伏煞酬恩。

武曲遇火势形偏，众峰尖削内擎圆。凤辇玉辂开屏障，赤石磷磷焦土坚。上有陂堆如覆钟，或如羲驭鞭赤龙。突兀炎空峰万千，癸壬不间终难扦。

巨门遇武，兀钟屏釜。月晕圆汀，甒瓿方浦。

巨门间武为财气，作一横财发见世。火金终是成乖戾，新福未终防旧否。

巨门间廉喜相随，笔枪倒旗文阵图。出人韬略全文武，析土分茅家富贵。

巨门间贪土斯通，三世威权展土功。火星若间凶翻福，不间功中反主凶。

五星九曜看峦头，总是方尖圆动直。五凶三吉元机妙，谁解隔山能取气。

偏斜正侧穴凭伊，此是青囊含至理。日月在天几万程，阳燧方诸水火炁。

二光相射当穴中，炎滴即从生聚处。要知裁穴亦如此，穴聚前朝砂水气。

青囊海角经卷三

果堂海角权衡

　　天机不露，岂知造化？根由妙理，无穷方察。阴阳定论，龙喜出身。长远砂喜，左右回旋。贵则清秀奇严，富则厚重丰盈。八风不吹，名曰聚炁。四水归朝，是曰迎财。脱胎则有吉有凶，审气则知贵知贱。孟仲季行，最嫌带刃。禄马隐行，最喜来朝。顶中认脉，要全一气。窝内穿筋，但看双肩。

　　罗睺唇也紫气脐也火星君目也，太阴尾也太阳颡也到禄存腹也。计都角也木星耳也并月孛腰也，水星足也金曜鼻也土星真肠也。即建除满平定执破危成收开闭也。

　　破军右弼与廉贞，破军巨门贪狼星。破军左辅文曲位，破军武曲禄存临。

　　阴阳死绝，生旺晦和。虚伪真乖，逍遥自在。神通得道，何必由山。

　　暗金五墓五鬼同，暗曜耗头到天冲。天罗血光白衣并，地网天罡逆鳞终。

　　暗金暗里受刀枪，暗被他人受杀伤。若值罗睺生炁疾，更将财本死他乡。加临五墓多翻胃，屋内常常有贼防。女子颠狂怀鬼妊，更兼淫乱丑声扬。

　　火星多招回禄祸，瞎眼郎君四外游。暗曜凶星失明断，家生淫乱毒蛇侵。太阴养女貌如花，怎奈巫山事更赊。若值耗头徒配远，儿孙公讼起丧家。

　　天冲家计值空亡，跏跛风声病又加，惟有没神多债负，田园卖尽少荣华。

天罗养马堪罗计，疾病留连久卧床。要识计都无仁义，被人气死夺妻房。脓血频频生恶疾，女人犹恐产中亡。若值白衣多孝服，妇人淫泆却无常。月孛多应生气疾，更防妻妾有情郎。地网遭殃人枉死，父母妻儿没下场。水星淫乱风声起，疝气腰驼害血光。天罡阵亡及外死，火焚树压及雷伤。逆鳞赌博乡村扰，花酒成劳事不宁。土宿争田公讼起，更遭癀病及奸情。

紫气照临家大富，太阳星主中科名，木星房房子孙贵，金星武曲主权衡。

左辅巨门宜长子，武曲一星仲子强。贪弼二星属小位，下穴逢之大吉昌。破军之星多害长，禄存一位小房当。廉火一星中子害，下穴逢之定不祥。

天罡多煞长，孤曜小房当。燥火与扫荡，二五中子亡。太阳宜长子，金水二男昌。太阳并四木，小子富豪强。添财还益寿，下穴细推详。

宋当开皇宝照海角权衡

认取龙神起祖，看他穴面出身。太阳紫气，为贵之最。太阴木星，贵亦超群。天财乃金谷之主，一宝盖一玉印。金水亦奏纳之官。一将军一功曹。太阳夹帝座銮舆，男为臣子。太阴夹龙池帝辇，女入皇宫。金水得朋，望重边疆。紫气入宫，身居宰辅。

依龙节，数后代盛衰；看山头，定长房中少。一节看一代，三房排作九房。

华盖生成将相，酉上太阴。功曹定入中书。乙上金水。直符司兵马之权，辛上太阴。宝盖定三公之位，坤上天财。凤阁为台省之职，艮上木星。宝殿出公卿之贵，巽上木星。龙楼相接于龙池，乾上太阳，艮上木星。文明之象。帝座反变于帝辇，子上太阳，丁上太阴。清耀之才。玉叶金枝，得之而圣子贤孙。亥上太阳，巳上木星。玉印金箱，遇之而左丞右相。申上天财，寅上金水。赦文带鬼劫，甲辰上太阴。声振华夷。三台照咸池，壬上木星。名登宰相。贵人入劫煞，丙庚上木。代有公卿。帝座兼龙池，丁上太阳。富无俦匹。天财转金枝，名登金榜。巳上天财。金水入宝殿，位至专城。金水入巽。龙池带劫煞，官居内府。丙庚太阴。天马带五吊，职掌外台。天财在丑。地劫化龙楼，富而且贵。太阳在戌。宝盖带鬼劫，丰而且盈。辰申上金水。劫煞化龙墀，女入王宫。丙上太阴。鬼劫化宝殿，官居司谏。申辰上木星。太阳夹玉叶，职居宰辅。太阳在亥。太阴夹玉印，女作皇妃。太阴居申。木曜夹金枝，姓入中书。木星在巳紫气夹金箱，职居内府。木星居寅。帝辇同銮驾，位极崇高。太阳在子癸。劫煞化帝座，身为丞相。太阴居壬。功曹参帝辇而乘。金水在辛。直符并銮驾而列。太阴居癸。宝盖高悬于帝座，天财居子。太阴并列于龙墀。太阴居午。看水朝迎，定其富贵。

龙楼夹玉叶，并出内相外台。子癸二官，太阳行龙。宝殿与金枝，同行出将入相。午丁太阴行龙。凤辇夹金箱，而去半纪状元。卯巳金水行龙，扦后半纪即发。宝盖悬玉印而行，十年宰辅。酉辛太阴，占之十年即应。将军连功曹，兄弟拜相。巽巳木星。直符共华盖，父子发祥。乾亥太阳。帝辇入龙墀，坤申天财。御座随銮驾。艮寅木星。以上八位，俱是双行。一节二节未为奇，三变五变始为上。

扫荡咸池若在壬，定出孤辰寡宿人。太阳帝座子宫安，镇压边疆出大官。太阳銮驾居癸位，儿孙聪明更秀丽。丑逢天吊及孤曜，异姓相随神社庙。艮逢紫气及木星，天下为官称第一。寅上金星并玉印，左丞右相天生定。天罡更改东方甲，孤克儿孙人绝却。卯上将星金水连，镇压边疆才更良。巽逢紫炁并木星，文武为官远播名。金枝玉叶巳宫临，他年白屋出公卿。天吊炎烈丙上详，男孤女寡守空房。离午龙墀并太阴，六部尚书第一人。丁位帝辇太阴金，男为驸马女妃嫔。扫荡劫煞未宫详，少年孤寡泪汪汪。天财宝盖坤宫寓，利名赫赫跨寰宇。天财玉印申宫居，尚书宰辅佐京畿。太阴玉印辛位当，富贵双全近帝王。戌宫燥火并劫煞，斗争刑戮受悲伤。太阳玉叶居乾宫，公孙父子做官郎。太阳玉叶亥宫临，子孙清显满朝廷。扫荡之星壬也。宜详阅，富贵穷通在兹决。

乾亥乃太阳之地，龙楼同玉叶芬芳。巽巳是紫炁之宫，宝殿与金枝照耀。凤阁寅艮木曜。夹金箱坤申，天财玉印连宝盖。太阳子癸，帝座与銮舆同行。太阳午丁，帝辇与龙墀聚会。太阴辛酉，直符华盖并临。金水乙卯，将军功曹当位。甲为天吊，扫荡未壬天煞。咸池甲辰号天罡，鬼劫天魁侍立。庚戌两宫名。燥火，劫煞天杀相侵。

果堂颂

武贪巨门辅弼龙，方可登山细认踪。水去水来皆是吉，不离四吉在其中。

未论星辰与庙乐，先观横案与前峰。若还撩龙来冲射，定是凶神应后龙。

每见时师错用心，直从来主是真龙。休将入手为端的，错乱阴阳立见凶。

万水喜从天上至，群龙宜向地中行。田庄衣禄年年进，家业亨通百事成。龙喜地支，水用天干，来去此杨公救贫之法也。

寻龙测脉寻三节，父母宗支无分别。孟山更喜仲山连，仲山又喜季山接。

寻龙过气纷纷扰，支不支兮偶不偶。若犯阴错与阳错，此龙宜作护龙究。

行龙宜转支龙过，若带干龙又不同。乾坤艮巽天龙穴，水朝当面是真龙。子午卯酉龙虎地，自然结穴亦藏风。寅申巳亥乳头穴，断然垂掌起高峰。辰戌丑未穴斜仄，难钟秀气不真融。欣然四吉得真龙，应在三年五岁中。富贵双全容易得，克期定日见兴隆。

二十四山四穴半，用者须当仔细算。乾坤艮巽丙为吉，余煞十九俱不算。

贪狼何事发来迟，穴吉向凶未可知，立宅安坟过二纪，方知富贵应孙儿。

八刃行龙不可扦，任教水秀与砂清。安坟立宅皆须忌，误杀阎浮地理人。双行带刃。

夫妇行龙节节来，安坟立宅任君裁。来山合得龙为主，富贵何愁地不摧。双行带禄。

主仆行龙不可扦，安坟立宅祸连绵。名为阴阳差错穴，亥字看看合得乾。

阴阳二错只一穴，乾亥来龙宜乙辛山也。作。艮寅来山丁癸也。向扦，巽巳来龙辛乙山辛也。是的。坤申来龙癸丁山癸也。位真，此是筠松真口诀。子午卯酉四山龙，丙壬庚甲在其中。寅申巳亥骑龙虎，乙辛丁癸水长流。若有此山并此水，白屋科名求不休。水诀：注，水口，水中决之。甲庚丙壬辰戌丑，未单水口不融结。若乾亥水口，内有太阳龙穴。

艮寅水口，木星龙穴。卯乙水口，金水龙穴。余皆仿此。

禄马随龙四位山，甲庚寅申在其间，亥壬巳丙皆宜向，更看前朝有水湾。

来龙若见后来空，坐若空时势莫穹，帝辇帝都并帝禄，帝宫帝阙后当空。

断山横堑势来雄，切莫安坟向此中，万代流传皆禁断，杨公秘诀显江东。

斜名扫荡，偏号燥火。独来孤曜，破脑天罡。

天机出煞出何煞，不出灾殃发最怕。是双金射坟，避得是仙人。

正双金神，穴起子癸。坐向双双，依得是诀。

丙壬子午猴门宿，甲庚卯酉虎头当。坤艮寅申居子位，乾巽巳亥马头藏。乙辛辰戌龙宫上，丁癸丑未戌来装。

二十四山十九煞，举世何人识此法。有人会得此天机，寅时葬山卯时发。

  寅申巳亥龙 乙辛丁癸 乾坤艮巽
  子午卯酉龙 乾坤艮巽 甲庚丙壬
  辰戌丑未龙 甲庚丙壬 乙辛丁癸
  甲庚丙壬龙 乾坤艮巽 乙辛丁癸
  乙辛丁癸龙 甲庚丙壬 乾坤艮巽
  乾坤艮巽龙 丁癸乙辛 甲庚丙壬

二十四钳口

四孟双行龙，四生。寅甲、禄。申庚，日月。巳丙、禄。亥壬。萌。乙辛丁癸全吉，乾坤艮巽次吉。

四仲双行龙，四旺。子癸、空。午丁、马。卯酉乙辛。富。

四季双行龙，四库。戌乾、刑。辰巽，罡刑。丑艮未坤。库。甲庚丙壬全吉，乙辛丁癸次吉。

二十四钳颂

子癸来龙丙是侵，扦著有声名。水流坤位来朝向，艮坤大发旺。四神拱揖无空缺，葬下人丁列。面前串珠水来迎，辅国佐明君。

子乃北极之尊神，贵主文章佐帝廷。若来作穴看元妙，细认真形如丙壬。乾坤艮巽皆云吉，十字山头仔细分。龙若会时水便合，紫线缠绕在斯坟。

丑艮来龙，丁癸扦葬。著大丰荣，看他钳乳。向何边作，法不须言。前有甲庚丙壬水，丙庚向可取案前。又有公服山，代代出官班。丑与艮合右弼同，万古谁知丑艮功。若遇前流庚甲位，田财进益禄丰隆。朝来左右丙壬吉，落空须知在癸丁。若得分明裁正穴，一举登科显地灵。

寅甲跌断来龙出，坤艮穴是的。乙星紫气木星强，二子贵非常。丁癸若还迎山对，丁向人富贵。长男兴旺色衣郎，癸穴合太阳。若还迎山带甲龙，家业见贫穷。此是天罗星向穴，下后长房绝。水浸亡人却是塘，瘟火官事忙。

寅甲主富自天排，却恐时师不会裁。明堂若见乙辛至，丁癸二神又会来。六神吉处向坤觅，儿孙荣显彩衣回。

卯乙来冈庚位扦，富贵永绵绵。此是木星贪狼穴，水朝尖峰列。看他摆曜向何边，乾坤向可安。前山吉水叠来朝，代代出官僚。

若还旋转辰头落，鬼劫来凑泊。

卯乙来龙庚可安，巽为紫炁果非常。乾上木星坤阳位，下后儿孙必显扬。

辰巽来龙巽落头，辛未永无休。若还孟仲季不移，代代朱紫满朝廷。

辰巽丁连辛共临，下后方知有好音。滔滔寅甲长流至，太阳金宿于中心。忽然吉宿当前照，紫气木星居丙壬。若还合取真经诀，禄重王朝更后名。

巳丙落脉向何朝，辛癸最为高。五七年内出官僚，此是龙神照。若作朝乾向亦奇，代代出绯衣。

丁午来龙定是奇，壬癸向无移。乾艮二向穴分明，紫衣绕棺生。巳亥逆鳞及天冲，端的二星凶。若还作向小房绝，小满棺斜侧。

离是南方火旺神，共连庚甲丙壬真。若知乾巽俱为吉，须使坤流艮共分。赫赫功名成奕世，紫衣缠绕满棺生。

未坤定有癸穴配，富贵人无比。此是贪狼朝穴奇，不与俗师知。壬甲二向落穴真，富贵定元亨。

申庚来龙申落头，艮位穴堪求来龙。跌转左右真，乙癸穴分明。水口仓库离星应，富贵天然定贵人。文炁照其前，一举中魁元。

酉辛来龙落脉的，艮坤神仙诀乳头。若还生向东，甲向好施功。案前水绕秀峰列，象简拜金阙若还。作辰犯血光，二子绝离乡。

酉与辛同共一家，更同庚申福无差。乾坤艮巽皆为吉，朱紫盈门实可夸。

戌乾落脉辛是真，乙向小儿荣。丙甲二向穴相当，声名播四方。前朝若有催官水，执政名无对。丙方若有秀峰列，单子赛潘岳。

戌是乾家发旺龙，丙壬庚甲吉相临。若得四星皆大吉，著绯衣紫乙兼辛。自然古窖金银物，万古重生杨求贫。

亥壬来龙巽是亲，葬著富无伦。龙头若还转左右，丁乙天然凑。有人下著更兴隆，朱紫满朝廷。

孟仲季龙定富贵穴诀

乾坤艮巽四山凹，节节单行不混淆。前有甲庚丙壬向，儿孙裂土各分茅。

乾坤艮巽单行龙，葬之家家福德洪。大则将相与公卿，小则儿孙皆富盈。

子午卯酉四山装，乙辛丁癸水贪狼。若得乾坤艮巽穴，依经下著三公旺。

上局行水诀法

乙辛丁癸位，坎离震兑同，排来其本宫。

子午行龙落壬丙，卯酉来脉甲庚乘。若是没神贪狼穴，葬下徐徐发福臻。

乾巽居长坤居二，贪狼却旺小儿宫。若依子午卯酉穴，长房必定绝其宗。乙辛丁癸杀其母，辰戌丑未次儿凶。寅申巳亥杀小口，甲庚丙壬久后隆。若直癸水来朝穴，乌鸦白子产双黄。

寅申巳亥发来龙，甲庚丙壬一例裁。前有乙辛丁癸穴，朝贫暮富实奇哉。

寅申巳亥四山装，甲庚丙壬水流长。若遇乙辛丁癸穴，家门丰富显文章。

中局行水诀法

甲庚寅申同，巳亥壬丙位，来山共一宗。

寅申发龙坤艮吉，巳亥来龙乾巽艮。此是没神贪狼穴，下后徐徐见吉昌。

乙辛居长丁居二，贪狼旺小地神催。若作寅申巳亥穴，长房出外永无回。甲庚丙壬生内乱，辰戌丑未绝中房。乾坤艮巽长儿衰，子午卯酉起瘟灾。

辰戌丑未四山冈，乾坤艮巽一般装。前有甲庚丙壬向，贫者遇之主财粮。

辰戌丑未四山尊，水流艮巽入乾坤。甲庚丙壬为财禄，八位流来旺子孙。

下局行水诀法

戌乾丑未宫，坤艮辰巽位，八位总相同。

辰戌来龙乙辛乡，丑未丁癸同贪狼。暗金罗睺破军煞，二十四山仔细详。吉凶口诀凭斯局，括尽阴阳在此章。甲庚居长丙壬二，贪狼却旺小儿郎。若作辰戌丑未向，长房必定赴法场。乾坤艮巽出外死，寅申巳亥自缢亡。子午卯酉瘟癀煞，此诀由来不比常。

五总龟龙过孟山，几多休咎在其间。文武定是离乡位，不怕双来不怕单。

寅申巳亥，出富贵。配兼夫妇，出杂职。三节不乱，大富贵。一节便乱，发不过三代便退。主外郡田庄。

五总龟龙过仲山，乾坤艮巽出官班。水来水去皆财禄，何用出身龙虎湾。

子午卯酉，出大富贵。三节三乱，文武之职。一节便乱，请举不及第，赴任失职。兼夫妇，七品至五品。

五总龟龙过季山，只宜寺院鬼神坛。前头总有天然穴，水走东西与北南。

唇穴为天罡，为土，为建，为宿，为破军，为青龙，为赦文，为魔，为天煞，为阴。

罗睺之山长房凶，凶在长房子息宫。更主过房并抱养，后代儿孙一二同。

罗睺白蚁当头入，牛羊公事损人丁。水来左边右边入，看他气脉悉知情。

脐穴为紫气，为紫微，为太乙，为火，为元，为明堂，为贵人，为巨，为阳。

紫炁之星粟满仓，贵催科甲富余粮，田庄财帛年年进，三年两载便荣昌。

紫炁之星紫线生，儿孙富贵且尊荣，清秀儿郎勤学业，合和义聚旺门庭。

目穴为胜光，为火，为满，为禄，为存，为天刑，为天狱，为天耗，为天败，为死。

火星之宿出南方，解州公事为田塘。更因死事相罹赖，孤孀目害与离乡。

火星之祸不寻常，破耗官灾及少亡。纵有聪明人不久，必然招祸外来郎。

尾穴为太阴，为小吉，为土，为平，为房，为廉贞，为朱雀，为地狱，为天咸，为绝。

太阴之星出孤寡，自吊贼盗目无光。换妻少死女人疾，杀人徒配赴军亡。

太阴水浸损亡人，棺内形骸或转身。头上推居足下去，其家少女死频频。

颡穴为传送，为金，为定，为心，为贪狼，为金柜，为资财，为銮舆，为天宝，为生。御街引马当流至，为破，为箕。

太阳吉宿旺儿男，读书一举便为官，定主因妻财物富，牛羊六畜遍山川。

太阳紫茜满棺生，定主儿孙进外庄，清秀特朝官位至，四位俱迎贵显应。

腹穴为没神，为从奎，为金，为执，为瓦，为六畜，为天德，为进宝，为人财，为辅弼，半吉半凶。为旺。

没神之位共贪狼，家资荣盛少年郎。若得水从朝上揖，定见中房福禄强。

没神渐渐主荣昌，进益田园玉满堂。御街引马当流至，万里云霄直上昂。

角穴为计都，为河奎，为土，为破，为巽，为白虎，为天败，为天突，为天刑，为晦。

计都主人服毒亡，悖逆儿孙配远方。内乱蛇伤并火发，瘟癀风疾主人伤。

计都又主少年亡，水浸死尸却是塘。先产白蚁后生水，定有流徒悖逆郎。

耳穴为木星，为登明，为水，为危。为斗，为武曲，为玉堂，为禄库，为天库，为临官，为少微，为一金，为和。

木星朝穴向难遇，此穴须知众吉昌。长房发家资财盛，人旺财豪富贵乡。

亡人紫茜生棺椁，木根水蚁定无伤。出蚕牛马俱兴旺，贵享钟禄万仓。子贵。

腰穴为月孛，为神后，为水，为成，为牛，为廉贞，为天牢，为天瘟，为天刑，为虚。

月孛凶星主少亡，公事投河及产伤。自吊更招家内乱，官灾火盗急须防。

棺内更多生白蚁，目盲更有病连床。劳瘵传尸多夭折，偏多横事恼心肠。

足穴为水星，为大吉，为土，为奴，为女，禄存，为元武，为天耗，为地耗，为伪。

水星凶曜主何殃，罹赖官司公事忙。多因室女生公讼，脚病风波更夭亡。

水曜原来白蚁多，却来面上做泥窝。水浸乾时蛇鼠入，岁岁年年被鬼魔。

鼻穴为金星，为功曹，为土，为开，为虚，为巨门，为司命，为文星，为天官，为凤辇，为真。

西方太白吉星辰，定主儿孙德业荣。资财进益田园盛，更兼富贵旺人丁。

肠穴为土星，为太冲，为木，为闭，为危，为廉贞，为勾陈，为天灾，为狼籍，为小祸，为乖。

土宿之星道和僧，九流艺术自经营。田园退尽无生计，却宜片舌动公卿。

土星满棺生风疾，伤足儿孙扶杖行。白蚁损棺三子败，九流目疾病多侵。

四个星辰五墓龙，山头虽吉莫相逢。须知葬下人丁绝，财散人离事事空。

乾坤甲乙为权武，艮巽丙辛清贵人。甲乙丙辛为正马，乾坤艮巽禄为真。若见此宫山水应，读书一举便成名。山穴阴阳遇四神，富贵足平生。十干行龙主不祥，官灾及少亡。十二支神水不吉，下后灾殃出。辰戌丑未可有悔，牛羊公事至。死尽猪羊及马牛，小口一时休。辰戌逃移并自吊，换妻损年少。丑未牛羊及血光，盗贼起官方。子午卯酉水不好，官事常常扰。贼盗军徒主煞伤，刺面不风光。子午离乡并曲脚，卯酉风声恶。寅申巳亥有何说，田塘公事发。小主瘟火起官灾，财帛化成灰。寅申断定出花酒，已亥为奴婢。甲庚丙壬正好求，下后旺田牛。乙辛丁癸富与贵，一举登科第。乾坤艮巽足金银，名誉满朝廷。阙十三字。代代比陶朱。三吉水来四神应，荣显于斯定。庚壬二向穴分明，朱紫满朝廷。

青囊海角权衡

祖昆仑，发元根。分支派，定龙形。乘运气，存亡分。焕五气，应五行。推四序，明德刑。克相治，继相生。未言甲，先言庚。五化显，万机灵。布大块，及黎民。得生气，受福臻。得死气，祸替零。知休咎，象攸遵。扶权衡，通神明。

果堂注天道成象，地道成形。圣人文之，发其机旨。观天之道，日月斗辰。察地之理，龙穴砂水。得之合用，并立三才。元旨元奥，斯诀经纬。

山之发根，脉从昆仑。昆仑之派，枝干分明。秉诸五气，合诸五形。天气下降，地气上升。阴阳相配，合乎德刑。四时合序，日月合明。相生相克，祸福攸分。存亡之道，究诸甲庚。天星凶吉，囊括虚盈。有替有作，虔诚搜神。

地理之奥，皆秉山川之秀气，龙穴砂水之真全。五气行乎地中，而有进有退。天星纬布四方，则有吉有凶。盈气生旺，丁以发福。散气退朽，骨而凶乖。皆阴阳消长之道也。阳变而阴动故生水，阴合而阳盛故生火。水阴根阳，火阳根阴。错综其变，而至理现。

头陀衲子论

夫葬者，乘其地之生炁也。生炁行乎其中，有聚有散，有顺有逆，有起有止，有强有弱，有浮有沉，有正有杂。乘风则散，界水则止，惟在审察、详辨、弃就、乘接之得宜。凡地理，先明其理气，察于阴阳，熟于山川，辨于脉息，然后以逆顺而推善恶之用。山水者，阴阳之气也。山有山之阴阳，水有水之阴阳。山则阴盛，水则阳盛。高山为阴，平地为阳。阳盛则喜乎阴，阴盛则欲乎阳。山水之静为阴，山水之动为阳。阳动则喜乎静，阴静则喜乎动。动静之道，山水而已。合而言之，总名曰气。分而言之，曰龙、曰穴、曰砂、曰水。有龙无水，则阴盛阳枯，而气无以资。有水无龙，则阳盛而阴弱。而气无以生。无水气何卫？无穴气何聚？必欲龙以来之，水以界之，砂以卫之，穴以聚之，然后可为地也。杨公云："有龙无水不堪扦，有穴无龙枉费然。龙穴若明砂水聚，自然主气得周全。"凡论龙、穴、砂、水，各有一辨。龙辨支垄，穴辨真伪，砂辨顺逆，水辨出入。以龙言之，龙即山也。以山言之，山即土也。以土言之，土即气也、体也。有土斯有气，故气因土而行，土因气而盛。土者，有气则润而聚，无气则枯而散。土行而气亦行，土止而气亦止。寻龙者，必欲夺其所起，乘其所止。起之一字，结穴之所；寻其所起，勿脱其体；原其所止，勿脱其脉。古云："支龙形势，如人之状。"然其身一动，则手足自应；将主一出，则群兵必随。手足不应非其体，群兵不随非其将，所以雌雄并出，而有尊卑者，此也。苟或反之，乌足为美？观其始发，层峦叠嶂，如群妾下拜之容。探其始出，隐隐隆隆，若敛迹乘舆之状。来则维持护送，过则蜂腰鹤膝，非桡棹不知所行，非界水不知其所止。布列则为城为郭，体又居中；结局则左旋右桓，穴又藏内。或居云汉以潜踪，或落平洋而开展。断陇童山，何须著眼？独过石岭，切弗劳心。断则其气不接，童则其气不和，石则其气不生，独则其气不聚。及夫破碎过而不止者，又何取焉！从吾所好，无非逆水之龙，快人之心，必得掀天之主。远则堆仓积库，近则舞凤翔鸾，势如乘马而来，形似驰龙而入。结南结北，只取盘桓；任东任西，但求归聚。无护无卫，偏嫌西北之风；有体有支，同喜东南之美。见水山渴，展芦花三衾之形；过脉续连，露繁蚁穿珠之象。势若转时龙亦转，地随踪去接他宗。到头四望观融结，自有盘桓理在中。龙之正气，只若千里而来；水若合宜，只怕百步而止。高陇平夷，不可同断。高陇之气，自上而下，如水之倾，不能止也。非借石不能立，非远出不能结。结则聚会，会则归，归则万水而济其身。止则众聚，聚则合，合则万支而抱其体。陡仄倾斜，岂其所欲？左空右缺，亦非所安。行之而无顺逊，分之而无调理。或宾欺主，或弟强兄。若散蚁而无东西，或反弓而无次序。东歪西倒，何所取焉！前缺后空，岂可安插。必欲正而出，出而隐，隐而起，起而伏，伏而兴，兴而隆，隆而断，断而续，续而连，连而宽，宽而结，结而聚，聚而明。势虽大而有所容，支虽繁而有所归。穿云接汉，回头皆为我来；峙秀呈奇，入眼皆为我侍。展势杂如排兵，吐穴隐如密室。厅堂高正，廊庑拱卫，墙垣固密，门户牢坚，外患难入。圈中无去去之心，内气不出。坐下有生生之妙，凉飙永断。暖气如春震巽，荣华土中一定。外有坦然之气海，内有天然之枢机。若有此妙，可谓纳气之盛也。平夷之地，其气自下而升，如水之平，不欲行也。先看大势从何而来，次看大势从何而结。来必有应，结必有情。或止于坡湖之所，或止于溪涧之边。或以平湖为气海，或以大海为城郭。高一寸为山，低一寸为水，有左右气曜为成。左右要生气相资，正气之体不可脱，随身金鱼之水不可无，防风之护不可缺，截拦之水不可失。向则视其身之所仰，坐则视其山之所来。仰则趋附于我，来则依负于他。仰则贵乎逊顺，来则贵乎丰隆。欲求仰掌平坡，先看铺毡展席。或有十大一小之脉，或有十小一大之机。尊则求卑，细则求巨。马迹渡江河，岂是窝中之突。突里生窝，无心而来。有意而结，坦而有聚，平而有包，粗而有细，细而有脉。得其脉者，不可脱其气；得其气者，不可反其理。侵云有数点之青峰，必为官贵；包坐见一湾之吉水，定有财源。大要藏风聚气，最宜明净盘桓。有界水而无藏风，其气必散；有藏风而无界水，其气必行。来之必有势，布之必有情。聚之使不散，行之使不止。或湿或燥，生成一定无移；或巨或细，自有许多分限。卫身最喜重重包裹，结局贵乎纷纷拱极。露体则风寒，诚为飘散；身孤则患重，实乃枯零。生蔓定是虚花，为护为从则可。背臂不为真穴，为缠为卫则堪。立穴安坟，岂宜取用。

夫水，气之母。有气斯有水，气因水而生，水因气而化。水气升上得合乎天，而云是也；水气降下得合乎地，而雨是也。虽高山不能绝，虽石陇不能无。古云："土者石之肉，石者土之骨，水者石之血脉也。"惟缓为吉，惟柔为良，逢刚不畏，遇柔得朋。原夫就体而来，谓之随龙，墓之主也。左右从宾而至，谓之拱揖；前后循环而抱，谓之绕城；左右如弓而伏，谓之腰带；坐下而出，谓之元辰；入穴而聚，名为交合。随龙贵乎分支，前面贵有之元，抱城贵有情意，腰带贵有湾环，元辰不宜流，交合要取分明。枯润殊途，理当一断。枯则元辰合变，润则溪涧合流。左水为美，要详四喜。一喜环湾，二喜归聚，三喜明净，四喜和平。环湾则无分支之凶，归聚则无飞走之思，明净则暗煞不生，平和则倾折不及。喜其来而不欲见其去，来者贵无冲射，去者要不拽牵，临城不忍而去，绕城不忍而分。对面逞之元，千金难买；入怀若反跳，一文不直。古云："明堂净而碧波澄，去水密而城门紧，贵坐下而三折。喜门外而数湾悠悠，扬扬顾我欲留。撞城反背非吉气，淋头扫脚不为佳。小涧切忌冲腰，大江不宜射面。一潮一汐，决非久远之龙。一顺一逆，定遭凶变之患。左反长，男必败；右反小，男必亡。当面反中，男必绝。切忌坟前有此，凶祸难当。滔滔掀天之浪，地岂吉而魂岂安？潺潺悲泣之声，亡岂宁而存岂泰？箭射激跳，其凶有准。斜飞冲反，八煞俱全。

夫砂者，水之所会也。势会则形聚，聚则形见，见则气合，合则有穴矣。无砂则龙失应，无龙则砂无主。龙为君道，砂为臣道。君必位乎上，臣必伏乎下。垂头俯伏行，行无乖戾之心。布秀呈奇列，列有呈祥之象。远则为城为郭，近则为案为几。八风以之而卫，水口以之而关。就体分支，是谓同气。其包裹也，贵乎周密。隔江渡水必同宗，其来也，贵乎逊顺。就体怕断，隔岸怕反。隔江拱揖为妙，就体不断为奇。同气贵乎朝仰，彼此皆要盘桓。在前要来，在后要堆。左顺右归，叠叠如端妆美女，贵贱从夫。前拥后随，济济若精锐卒兵，出入从将。华表凌霄，捍门插汉。若要人丁千百口，面前叠叠起高峰。若如巨浪列门前，历代产英贤。善断砂者，除无八煞，先辨五星行度。如金则圆而秀，木则直而丽，火则尖而锐，水则动而和，土则方而厚。木逢金折，金遇火伤。水见土不利，土见木不良。若火遇金。得水无妨。子来救母，理之当然。五行仿此，有救不伤。所喜金水相生，木火通明，火土相济，水木相扶。木居东方必旺，火居南面多兴。金居兑位是权衡，水处坎方为得令。惟土一气，四隅皆宜。岩岩大石，岂为良善之星。焰焰尖砂，皆是凶危之煞。若走若窜，不用劳心。如反如飞，何须著眼。半顺半逆，终为奸诈之徒。无序无伦，定出凶顽之辈。不似蜿蜒，有何好处。不生草木，有甚由来。一怕锤胸插腹，二怕削竹拖枪，三怕反弓外走，四怕随水直流。如角如凹，生人碌碌；如碎如破，起祸绵绵。鹤顶鹅头，淫风飘荡；牛臂马腿，必不兴家。长男外窜，青龙摆首而行。小子离家，白虎反身而去。吉则随朝有意，凶则险仄无情。

葬 法

　　盖气本乎下，借阳一嘘而物生。体本乎上，借阴一吸而物成。顺则取正，逆则取缓。强则取粘，弱则取撞。死则闪之，生则挨之。浮则倚之，沉则盖之。虚则斩之，实则倾之。急则缓之，缓则急之。厚则枕之，薄则接之。长必就其短，短必就其长。此一定之法也。至于浅深之法，随其地之所宜，由其龙之厚薄。当浅而深气从上过，当深而浅气从下过。第一合水为入气，第二合水为正气，第三合坐之水，即浅深也。浅深之法，绳平是也。既得乎此，十二要诀不可外也。一要藏风聚气，二要挨生闪死，三要明堂借水，四要交合分明，五要前后相应，六要左右相济，七要避凶躲煞，八要内外相乘，九要浅深得宜，十要不脱脉情，十一要别其枯润，十二要土色鲜明。既得如此，自然如线穿针，如绳准木；若失乎此，则如水中取火，炭里寻冰。立穴若还裁不正，总令吉地也徒然。高低深浅如差错，变福为凶起祸怨。气不离棺，棺不离脉，自然通泽。其法如移花接木，何以异焉。既得如是，前后左右之理，不可不察也。前以朱雀，后以元武为主，左右龙虎为卫。龙虎者，即元武之手足也。本身之龙要长远，身体必要端正为上，手足必以相合为佳，长幼必以逊顺为贵，主宾必以迎接为奇。宾欺乎主则反乎常，手足盛身，必无是理。元武必欲垂头，朱雀必欲翔舞，青龙必欲蜿蜒，白虎必欲驯俯。却又详辨大势，浑合造化，纳诸形状，本诸理气，察乎精微。以先天推其体，以后天推其用，必合先盛后荣。所合之法，龙穴砂水为体，以八卦天星为用。苟无其体，其用何施？若有其体，非法难裁。得法遇体，如指掌矣。

觅 龙

　　龙为阳物变化神，妙合阴阳本无垠。或有大小旁正出，真行伪落伪行真。原其所起乘其止，龙有三成聚祖宗。五音起方识其地，山北水南横是官。向生背死五音取，地变二九寻真踪。四乘高低强弱里，四景情性态度中。十等之地固为美，格法远拜古人风。卦里龙神须要辨，阴阳休咎吉和凶。阴龙八贵互换行，四垣八宿应天星。应廉转巨变武曲，贪狼到头名左局。紫微出面形局奇，富贵无双全五福。红旗赫赫贪狼路，兑入巽宫复贪狼。应穴右关砂水真，封国神仙并相辅。兑入紫微微入兑，玉堂清贵昭文位。兼应富贵馥芝兰，兼应刑禁鸣珮珂。艮兑或巽复震龙，位极人臣帝泽浓。艮亥巽艮变亥局，富贵兼美寿山崇。兑巽入艮局宜清，巽兑入艮富贵并。六秀变出紫微局，大贵青蛇为发福。廉路祖穴俱三吉，文武将相谁肩匹。三吉入路祖穴廉，名将藩臣为第一。少微转巽入少微，人才昌炽官位卑。太微转兑复太微，题柱归来金谷辉。三吉起祖临庚穴，阴应急发钟人杰。一阴祖穴一阳朝，寒谷春回泉道竭。阳龙仅有四龙奇，富贵公侯皆可期。形全局异巧扦立，奋发如雷人白眉。北三阳祖钟龙脉，或壬癸祖瑶光癸也宅。富贵文武斗春花，赛羡门楣推巨擘。离山奇远骤富至，淫恶之嗣关兴替。坤离局应后荣昌，寡母阃中才富炽。阳四余龙俱怕冲，老亢乾坤仍可用。更识逶迤曲折来，试看万选青钱中。单亥中抽富禄昌，缺。均壬兮均乾殃。壬癸左落巧扦贵，右落多壬产业荒。乾亥右落那堪穴，若逢左落可裁量。天机奇异都巡贵，忤逆赌博败堪伤。虚劳疫病宗支绝，娄星并焰裕才粮。人财顿在冰山上，不免盲聋暗哑妨。高照瑶光癸也。孕六指，并壬懒缓生泉泓。水朝砂秀穴奇巧，龙虎抱卫公侯生。正艮高年富贵期，丑艮平分穴亦奇。产招绝户才鬼运，局吉应看爵禄縻。丑岭左落有半吉，艮多右落荣孙枝。寅艮中抽不宜穴，左落富旺右风眵。两个山头隔水路，羽流更有双生儿。寅甲穴奇家富足，局秀利名相泊凑。寅甲肓跛痼虎伤，穴奇仍享田园福。震生富贵兼文武，庚局亢峰乾也。声鼓盆。震甲嗽劳足风跛，素心犹是慕禅门。震乙螟蛉并赘继，真龙吉救福回春。乙辰衣禄神栖吉，外死瘟癀官讼迍。巽山真出青云客，离亢雷惊并水厄。山水合救上金街，武艺贵婚沾福泽。巽巳富局巧扦荣，巳利商贾牙侩得。己丙富贵清浊分，丙午发财瞑火厄，丙奇富贵享遐龄。梦嫁阴人怕春寒，其文正焰寿富贵。午未相参衣替禄，丁未双行缺。库开。赢利肥家儿女悲，丑未独行崇僧道。官灾色证更伤生，四金奇巧暂富足。少亡恶逆常争衡，坤山吉位富而昌。势鬼局险女军强，坤申寡母膺才福，未坤孤寡僧尼殇，庚山正绕富豪英。向东丁艮助威声，三金互行文武具。到头辛兑遇于庚，庚兑武参辛文职。庚申瘟寡离淫并，右落商星偏作主。财帛姻亲夜叩肩，兑山福寿旺田丁。兼丁宰牧显功名，远钟巨富文章士。州镇村原有庙灵，辛逢巽局方清贵。辛戌正落享秋成，天财饶气穴休凿。巫贼荒淫人秽腥,阳局不奇总凶恶。阴局不奇犹可作,降脉起顶测土圭。的究三叉无浑错,休囚墓死为福薄。生旺官临荣官爵,寿夭贤愚于此分。细认山头眼高著,四龙山星固上地,杂龙转吉仍转贵,但从换骨定兴衰,更观砂水分公位。

点 穴

凡龙长远,水缠有情,大缠大护,无窝钳乳突头出可点者,天秘之穴。细认脉气穿缠,要全乎一气,故有奇峦拱秀,水收三吉,尊高照穴,五凶虽高,不许一星侵穴。吉水朝迎,便依三吉,水以收朝迎之外气,谓之隔山取气,福应甚速。天秘之穴,得法可以认取而裁用之也。

凡口内浮肉宜多裁,关门捉贼,三吉取内,小明堂攒开,去其客土,再取的穴。

凡龙真气秘深沉,难以捉穴,用功开辟,以三吉收真气,名劈菊拈香,真气回中。

凡龙真锐直,只揪皮插骨看,真气唇口闪落,必不可当锐。

定穴之法,如人之有窍,当细审阴阳,熟辨形势,若差毫厘,谬诸千里。非惟无福荫祐,抑且酿祸立至,可不慎欤!

亥龙壬穴微加乾,四垣星照局周旋。迁都立穴俱宜此,墓兆民居福寿绵。乾穴挨西左气钟,仲宜先福坐宜空。癸穴挨乾气右耳,嗣续千秋名利崇。亥穴旁扦怕脑冲,气从耳入利途通。巍然形局登卿相,大地春回自震宫。庚卯二向腧气乘,凶强军贼堕家声。酉向旺丁惟不寿,艮辛二向利无名。离午向淫甲向蚁,乙虎雷伤唇缺嘴。未为僧道恶逆凶,坤申寡淫殇讼起。

艮龙穴癸气左耳,昼锦荣归耀闾里。甲穴挨丑气右乘,富贵文武谁肩侣。壬穴腧气配阴阳,局奇科甲显文章。乙穴气腧逢吉局,监司郡守与贤良。卯穴挨厨丑也。后嗣昌,阀阅门楣福未央。乾穴腧气婚姻贵,屋润家肥只夭殇。龙局纵美难觅贵,孤寡孀亡未向寻。乙辰臭水土灾临,午淫乾蚁申伤长,甲同午戌木根侵。

巽龙乙穴富奁钱,班值宸宫上德宣。巳穴挨辰先福长,大富小贵产英贤。坤穴腰乘古窖发,诗书富贵高门阀。甲穴贾商籝满金,局奇刑权司赏罚。兑向曜煞绝长房，子癸甲水凶无比。坤蚁败长主殇淫，寅木戌瘟戮乾蚁。

兑龙坤穴气左进，清贵文章典州郡。乾穴挨庚金气绕，局清年少功名振。阴阳正配兑山丁，人财并至贵偏轻。转亥结穴气从耳，公侯富贵乐耆英。金鸡啼向扶桑东，气冲脑散亏神功。庚辛受穴乃为吉，官职横霸资财丰。壬穴气自右腰乘，福寿先从小子膺。水放庚丁辛酉去，更期富贵旺人丁。巳各曜煞长儿当，乙辰回禄败堪伤。寅甲木根壬子水，午孤兔穴更淫亡。辛龙乾穴气冲右，中男及第纡紫绶。酉穴挨娄巡警官，定主英豪军贼富。坤穴右腧玉堂贤，儿孙俊雅进田园。壬穴右腧人财旺，局秀云程一著鞭。癸穴气充正腧加，人丁贵富锦生花。亥穴左埃气耳受，长嗣人财亦可夸。寅殇蛇虎甲奸淫，乙生白蚁丑穴临。坎癸壬辰俱水厄，壬看回禄祸来侵。

丙龙坤穴气钟右，舟车窨发局奇秀。巳穴石挨午半分，更遇水朝财禄骤。乙穴右腧产英才，局奇拜命黄金街。甲穴腧气人富豪，丙奇旺气合收裁。卯穴左腧长先发，旺财并许旺人丁。丙穴局奇偏有贵，庵观中人入泉扃。癸向风颠乾戌蚁，子水寅甲木根伤。

丁龙坤穴微加午，富寿官奇还守土。巳穴挨未只富隆，局吉官小仍可数。乙穴左腧富寿荣，局奇清贵产人龙。兑向左腧阴阳配，面东亦主人财富。壬向绝淫并蚁土，甲寅戌向木根枯。乾水血光丑败亡，坎癸土蚁凶难数。

震龙丙穴宜挨乙，胆略英雄官武秩。乙穴挨甲气右乘，先文后武谁能匹。卯穴旁扦富冢孙，不然狐兔入罹迍。癸穴左腧人富寿，小可功名别有春。巳穴左腧福骤发，震生来去分生煞。丙艮二向气腰乘，俱主人财无贵阀。未穴朝来季财丰，午侵水土坎壬同。乾戌水蚁还妨长，坤申水肿寡淫风。

庚龙酉穴微加申，威武入财并出尘。坤穴右加崇左道，更有忠贞富足人。乾穴右腧局清贵，文武婚姻发财利。壬穴腰乘嗣续昌，或逢古藏兴家计。甲向孤劳跛而秃。丑穴寅痼离螟蛉。乙殇赘继子癸泉，辰瘟刑配天年促。

巳龙乙穴通左气，局奇中贵及小贵。巳穴旁扦蚕畜丰，经商业进同宗契。坤穴右腰震巽砂，牙侩蚕牲利足夸。甲穴腰右先福长，因亲进产断无差。酉为对曜莫扦封，专向须知祸震宫。子癸甲泉乾白蚁，戌壬寅向木根凶。

离龙丙穴右加丁，阳朝阴应武文并。丁穴耸砂朝水至，富豪翰宛显功名。庚穴左腴气中乘，子癸乾砂水应荣。午穴挨丁怕恼冲，面朝砂水利方盈。亥曜蚁穴长灾殃，辛为八煞更瘟癀。艮卯木根泉兑蚁，丑单败绝又孤孀。

壬龙坎穴宜挨左，龙异局奇发如火。奎峰高照三阳尊，科甲文章非小可。艮穴右腰长富足，寅扦却主中儿福。甲乙穴向腴气乘，震宫忽觉春回速。丙巳木根伤长子，卯兼水木伤宅母。未孤淫绝臭水侵，巽丁庚酉辛蚁土。

坎龙挨壬扦午向，骤兴科甲文官样。更将艮穴挨壬扦，穴暖局富仍堪尚。辰曜败绝巽辛泉，丁未蚁水土相煎。卯酉丙寅俱蚁水，蛇伤虎咬长祸连。

癸龙子穴右挨丑，局备功名须唾手。午砂水秀坤申贪巨。朝，富贵一番无出右。艮穴砂水并离乾，贪巨。寅甲流午鬼武典也。名利全。寅穴挨左局周密，庵观发达富田蚕。巽辛水淫丙瘟木，丁蚁木鬼偷钱谷。卯艮酉未俱水蚁，巳穴雷虎伤并狱。

坤龙丁穴右挨申，局吉荣华骤富殷。庚穴挨未财名振，星虚奎照作王臣。丑蚁木根凶贼族，艮木煞长孤淫欲。卯根亥水亦长凶，戌乾辰向俱无福。

乙龙巽坐穴左倚，军贼牙侩应随否。艮穴次因女讼兴，午戌壬向俱微取。庚酉兑丁防白蚁，庚殇酉狱更生殃，辛丑木根水蚁伤，辛酉二向休云好，家赘接脚少年郎。

甲龙艮穴右挨震，异道一番财禄进。巽穴猎讼一纪昌，跛瘤瘟离生祸衅。庚酉巳丁未臭水，庚瘟火盗酉孤贫。辛劳刑瘤伤风跛，丙泉亥木蚁成群。

乾龙巽向右挨皇，局吉天财发异常。庚酉局奇仍骤富，到头不免瘤风伤。巽穴遭瘟寡孤淫，巳同巽祸长先临。卯丙木根穿椁内，丁宫产厄害难禁。

寅龙坤向壬坎朝，乙流峰应财禄饶。申午乾戌仍堪向，一度春花妒百娇，巽庚酉未亥渊源，巽辛白蚁丙丁根。庚败贼军巳煞小，酉殇更生阵亡魂。

申龙庚穴砂水雄，长儿财禄可兼雄。乙向水朝仍福长，壬寅二向亦财丰。亥甲蛇蚁辰甲凶，卯军狱败一根同。艮商与贾应先劫，丑换妻伤狱寡穷。

丑龙金煞丁堪向，艮穴左道财兴旺。丙庚辛酉向中裁，砂水拱朝方可尚，坤申白蚁戌水土，午根乙蚁树雷伤。丁忌乾流丙忌未，辰为臭水土根伤。

未龙亦犯鬼金煞，艮向天然福禄达。丑艮仅主巫医财，亥卯向水福骤发，寅申出人多伶仃，癸贪花酒戌非应。乾位木根并白蚁，须知壬子蚁更生。戌龙墓煞本堪忌，乙向骤发人不义。辰向军贼癸随倾，寅午向凶随有利。巳宫入穴观蛇蚁，未煞天宫丁亦蚁。艮丑伶仃瘁祸钟，卯巽丙兮凶莫比。

辰龙墓煞亦无妨，乾向兴衰先长房。戌向税粮终瘵火，壬坤二向福中殃，丁未庚酉丑白蚁，辛宫臭水尸棺毁。艮地须知穿木根，亥水土侵颡有泚。

龙辨中抽左右落，局看性情砂水泊。活眼圆智巧扦裁，悔吝吉凶始无错，气从耳入福易期，气从腧入官应迟。耳腧分数有多寡，乘气慎弗差毫厘。

观　砂

砂布局法相真龙，前砂后落应旁通。穴花局假龙不歇，见砂见官气便钟。龙后行运为鬼劫，官居南坐印西东。方隅贵贱凭龙取，局中见者是真容。北高南下天地形，局只一格法其情。乾巽宜远坤艮近，丙庚高贵甲壬清。五行三曜并八局，阴阳各要不相凌。更主山音推卦例，若还合此是天星。四维屹立官爵强，低峰叠叠千斯仓。奇峰列秀有三角，黄金白壁增辉光。乌石斑驳家萧索，路破峰岌讼败伤。此是先天四生地，最宜高耸乃为良。世登要路耸玑峰，巽也。龙头独步气如虹。低圆正丽仍科甲，乾峰低小富家翁。阴阳双起犹为贵，甲峰压冢却生凶。巽乾入汉庚也。生辅相，

九天元女青囊海角经

龙奇局备位三公。巽峰独透经略才,小峰参尉低盈财。一峰一子登科第,两峰兄弟上金台。远峰列秀天涯青,文与韩柳争驰名。山水揖朝甥婿贵,女貌美丽争宠荣。巽峰低伏辛峰耸,亦主亚榜魁明经。曜气文腾状元出,艮峰叠秀相神京。艮峰如笔列三台,以国养亲勋爵开。巍然独秀魁黄甲,小阜端圆金帛堆。被石点破官摧落,二枢艮丙。配合岁荣偕。艮峰低伏丙峰耸,优游财禄莫猜疑。坤名地母嫌低敞,乙峰圭拱登天榜。奇形卓立似旗旄,男军女将兵权掌。如旗而侧巡警官,乾峰低小都牙仗。更有圆尖似钵盂,或出尼姑或和尚。掀裙抱花砂杂陈,桑间濮上期来往。乙峰圆秀应财星,二缺。切忌欺莹壤。太阳升殿犹难得,贵敌至尊富敌国。太阴入庙女皇妃,男婚国戚高年百。日月不峙太阳高,太阴得地似富豪。假饶缺陷并低伏,总有真龙福不牢。四水大木金水照,我克为财生官曜。通喜中才畏煞金,寻分度位觅真窍。天宫乙也。地禄人爵星,翰林风月擅文明。并极三阳艮巽兑也。高秀丽,寿考富贵旺人丁。火星不起官不显,不握重权或间殿。火星小起日月明,家生贵子真堪羡。入云帝座耸屏星,天门地户乾坤。两朝迎,人鬼巽艮。峰峦高速应,龙奇南面佐王廷。离峰高秀侍君王,少年科第夸文章。瑶峰六煞恶屹子,怕压墓穴哑聋伤。兑宫叠峰号北军,兵刑官贵医瞳神。迓军尖射并低陷,定应变阵丧其身。丁峰特耸钟元老,双上添丁福寿殿。远秀山乔和革应,名录丹台漫出尘。若逢压冢滞初年,庚峰独耸减威名。云绕五湖驰驿马,高腾贵显田连野。云霄万丈烛星奎,为国栋梁储大厦。焕竖天禄要崔巍,革贵人星独占魁。贵禄马将龙向取,配合干支次第推。摧官禄贵山低陷,虽有文章不显荣。艮离朝峰俱失陷,官不食禄名虚称。卯分西南及东北,西煞南星文武格。东北只主杂流官,度位吉凶宜辨白。商革印绶分金银,和并三阳摇石臣。赤蛇巳也。绕印如圆正,斗印腰横才出伦。寅甲师巫左道贵,里巷蒲樗加厌频。离盲中子全家蹇,子癸丑未堕胎神。庚酉辛中属金袋,柱石朝廷和鼎鼐。瑶光癸也。泉上水鱼儿,鱼猎山川随处卖。甲乙宜作木鱼看,僧道拜持神佛力。坎癸四墓号横尸,大鱼绕殿岐黄术。巽辛文笔擢科名,寅甲画笔妙丹青。一挥判笔庚辛兑,生杀阳秋断案平。牙刀却有真刀位,造葬合规方为贵。元武象位威不施,寅甲乙上本工艺。

四金屠侩军贼儿,辰戌定主刀兵缢。兜鍪剑戟兑庚出,将军威武开边地。坤竖旗斾出女军，贼旗斜插魁罡位。翻棺覆郭更如何，四墓低亏风气多。寅甲坤申及癸丑，总宜位上起崇坡。丙峰鹅头濮上流，艮坤丑未向山求。和龙抽出蛾眉样，四野桃花恣玩游。八局周旋四神起，山水叶吉福无比。五音生气官爵高，方位合卦为次美。只合阴阳又次之，大要又宜平墓鬼。高昂恶浊生凶祸，缺陷低亏风声启。局砂秀耸居上贵，端正高大为才器。低平四顾得中和，犹宜参合天星位。吉形吉位全福固，吉若低亏减分数。山形虽美位凶方，岁久恐非为吉助。形局伪文予不取，空谈祸福无根底。舜羽重瞳仁暴分，可见内外本末耳。假饶舍形气安求，形气性情原一理。因形察位分度求，笑谈指顾分臧否。

察　水

盖山之血脉乃为水，内助外泄行龙旨。自然好水相真龙，天星来去宜合规。三阴二合并四气，九曲三叉俱富贵。阳局朝迎发福多，惟有二辰并辅癸。三阳水朝砂耸翠，龙奇穴吉最为贵。三阳无砂水不荣，只主因亲发财利。丁丙巽流震入艮，太阳正格贵仙眷。太阳特朝城郭完，极贵极富尊南面。更有御街金鱼格，真龙巽丙丁源泽。转兑缺。辛入亥流，贵极扶君富敌国。三阳水朝归鬼乡，义门寿考同休光。辛逢巽水神仙客，兑逢丁水寿龄长。三金流震入艮地，或震艮流三金位，或亥入南更入西，皆主大贵及小贵。巽宫砂水朝为贵，更有双峰联甲第。中男季子女花容，驸马妃嫔增富贵。巽巳双朝破阳局，那更太乙辛也。生峰堆。虽闰有女颜如玉，堕胎玷污春风客。巳朝兼巽丙为强，百倍田蚕入蛇艮。穴山慎弗当金马，摧折天年畜产荒。丙砂少主折臂卿，地旺田蚕炉冶兴。天财继获终均福，富贵女讼进金牲。午沙水秀近君贵，福荫继离因水去。坎龙离水入兑流，离坎破阴总淫戾。游魂阴枢丙也。水兼入，寅午戌岁烧天红。葬法多注兑亥气，回禄制杀应潜踪。丁水多痣人聪断，利名两遂增龟算。产添绝户旺牛羊，贾利囊金家蛊干。艮龙巽水为夭殇，宜注丙丁庚辛方。阴枢丙也。南极丁也。水兼入，四神八将砂积仓。微垣良弼鳌头占，老莱戏彩芝兰芳。丙丁庚辛赦文水，祸刑洗净永无伤。未进田蚕生气畜，次主病讼伤骨肉。震山来水雷电交，未兴去财天年促。坤砂水秀魁科甲，正主孤寡悲沉疴。中正生离伤横讼，次看三五福偏多。天潢天关申也。水兼入，总免祸刑遭

九天元女青囊海角经

纷纭。庚水权谋敦义睦，兴家进产却因亲。天潢天命水朝坟，敌国豪富真无伦。震庚有峰入云表，英雄将帅麾三军。有朝三阳艮应星，大进庄田八子荣。辛水不徒篡宝玉，清贞忠孝擅文名。戌水朝来财利通，外亡横祸至贫穷。乾朝骤富次风跛，鳏寡赘继无人踪。亥水降福自天宫，寿考富贵总兴隆。戌女双朝因瘵火，戌朝暗哑并盲聋。壬朝贾利书香贵，离壬来去离乡位。子水特朝一度春，流归北极襟怀鄙。坎癸病肿忧忡忡，瘟火瘵疫并喉风。双生女子家渐退，缢亡落水灾殃重。癸朝贵富属须人，酾钱置产进牲银。丑朝亦主田蚕旺，刑伤骨肉疾生嗔。阴光癸也。牵牛丑也。入冢内，随母聘嫁忘姻宗。少亡毒药因女祸，兄弟屠戮交相攻。艮水粟陈金玉辉，巽山艮水官曜期。寅水生财清觅贵，凶并赌博兼淫离。甲水佛利贾财通，天机甲也。天桴寅也。主盲风。震水英豪家骤富，局奇宠命拜天宫。乙朝富宜享龟年，凶事讼病迭相绵。辰朝暂享田蚕利，病痛伶仃祸踵旋。阳闽兑也。懒缓亢水辰也入，唇齿缺露含糊声。坎龙亢水忌来去，全家受禄无余丁。亢娄辰戌。流注非吉地，少亡恶逆无忠贞。四金对射风门入，翻棺覆椁灾非轻。黄泉曜煞最凶煞，阴阳浑杂家零落。龙行关节带微湉，受穴朝流亦差错。龙真局备砂水环，攀龙附凤良非难。真龙迢迢势局奇，到头伪气非纯完。阳朝穴秀砂水助，博龙合向方为贵。正面特朝固为最，旁朝叶吉梯云端。抱城绕穴方为吉，直流合规朝天关。来似之元抱如带，流非吉地家贫寒。反似翻弓直如泻，六秀庚辰多旺官。穴高朝源要长远，富贵亦主人安康。朝源高低与穴等，骤发富贵非为难。谁云无朝发福迟，龙真穴正局犹奇。但合四龙天星者，无水仍将富贵催。休论诸害及五姓，何须更论几般形。此是天机真妙诀，非人弗示万金轻。如有轻视遭天戮，王刑国法亦来侵。若不贞戒受天谴，天地阴阳决不饶。

青囊海角经卷四

穴 法

莫道无头无绪，横看其踪。休言是木是金，动中取穴。吾尝谓：一家骨肉，飞斜走闪，以无害本来面目，高低深浅之所，先三横四直。于四直者，背受两片三叉，会三叉之自然。囟门玉枕，至高之穴，至贵合襟，金坠最下之情最元。鱼脬横截，妙在金乳之动荡。茅叶侧坠，活似水珠之钩悬。俯焉端揖以至地，仰则平舒而面天。会窝打透肉，盘弦韧中取，脆软晻下寻，交骨起柔里。钻坚或者禽星兽曜，耳动目随，草蛇灰线，气界水止。要知英灵聚会，纵横不离正气。血脉贯通，动静当观大体。流精未活，荡硬甲之弓转。趋身太险，如球之抛而球起，过犹不及。道贵中处凉而杂热，妙谙柔理。嗟夫！千年灵骨之不朽，一点真阳之在此。顺受逆受，何拘对定于天心。傍求正求，犹在消详于龙尾。横担横落，无龙之葬有龙。直下直迁，有气而安无气。硬不斗软不饶，体元微三窍之至妙。阳宜减阴宜撞，接五星之真要。然此活法敛之，无过一理。所谓八大神仙穴，杨公决要寻。抛鞭须隐节，披刺要离根，反手粘高骨，冲天打囟门，侧裁如把伞，平示合提盆。摆出情难缓，横飞势合翻。有人通此意，便是吕才孙。穴是神仙穴，龙分厚薄身。脉来分左右，势落定君臣。匾大临弦出，雄粗带侧循。打尖休动骨，点额要粘唇。缓急随形使，高低著意亲。五直宜横下，三停妙影寻，挽篮迁鼠肉，侧耳定龙心。牛鼻防牵水，鱼腮要合襟。元微天意惜，举世绝知音。龙分两片，穴对三叉，灰中拖线，草里寻蛇。攒枪插竹，斩木生芽，虾须微抱，切藕披瓜，辨脉浮沉，放棺深浅，蝉翼盖风，迎接蟹眼，顺逆无差，天机自显。得钱放棺，气从耳入，财物不交，气从脑入。两突相向，真机不生，两利相协，其气自成。奇偶相会，阴阳相泊，脉不离棺，棺不离脉，棺脉相就，移花接木，细认元微，罗文土宿，后倚前亲，眠乾坐温，高浅低深，粘缀来脉，闪死挨生，避风走煞，急则用饶，缓则用撞，节脉乳窝，真认影象，转跌走闪，盖粘倚撞。妙诀天机，沉思玩想。

诗　诀

凡看地，从何起，须识星辰横与企。圆流尖侧要知踪，方辨龙身贫与贵。

如覆釜，是金星，行时屈曲喜相生。不宜手足并斜侧，见此来伤必有刑。

如顿笏，是贪狼，不宜斜仄火来伤。脚根水土其星贵，一举成名达外邦。

动是水，飞冉冉，下生金木真龙占。不宜侧火势来侵，做贼兴瘟无处闪。

如卓笔，火神行，秀时一举便成名。头斜身侧为军贼，带石敧斜神庙灵。

若是横，名曰土，金书玉轴真难遇。更生一直起丁丁，庶人之子朝天去。

教君术，认元机，坦来取突最为奇。直来取曲曲中直，饥处须寻饱处宜。

这一言，是真术，突到取窝窝取突。垂珠气聚缩中裁，更有如流来曲屈。

教君葬，端有法，倚撞盖粘并挨插。转跌垂钩斩截安，缓急须凭饶借折。

鹅公嘴，及龟肩，嘴来硬处不堪扦。势来直急宜饶借，法点龟肩借靠安。

立笔下，直斗直，认他脉上微微脉。饶中借字实为真，凑煞安坟人绝迹。

勾刀嘴，马蹄弦，此法分明有理扦。勾取曲中葬用截，马蹄扦法撞为先。

火甲穴，及禾叉，葬之撞穴正为佳。坐下流神无屈曲，圹中饶借一些斜。

剑脊须，同茅叶，草尾垂珠真气结。流来势急穴宜饶，须认两边砂水贴。

猪腰口，搭腰裁，转皮乳气任君裁。后有峰堆前水应，立名倚穴看龙来。

燕子口，及鸦钳，势来窄狭不宜扦。若然有意湾环抱，水直教君寄两边。

燕子尾，实难言，穴如鱼尾一同扦。势来直急宜斜剪，切忌流神坐下牵。

筲箕肚，不堪扦，箬笠茶槽水又牵。元武不随龙虎直，时师下著退庄田。

犁壁面，无人下，此穴出身形丑恶。势来斜仄穴为真，界水金鱼真不假。

禾锹口，穴内有，此穴出身形最丑。娥眉月角一同情，侧穴是真正则谬。

犁头嘴，穴难扦，田塍簇簇水来缠。后头如直葬须剪，坟内毫厘不可偏。

交刀口，平直叉，葬下撞穴正为佳。横又不横直不直，圹中略摆一些斜。

狗脑壳，人难捉，突额高窝好相度。突金胁阔两边寻，左眼右眼真不错。

鳅纂笃，虎鼻同，龙真穴脉合雌雄。流来势急宜挨剪，缓处教君穴枕巾。

竹篙流，形最丑，但看气脉何方走。硬来软处实堪扦，切要金鱼来界就。

燕子窝，瓮唇穴，金盘荷叶真奇绝。气脉流来仔细看，四畔周回正龙结。

教君术，看水城，来如展篙鸭头青。横如带绕坟前抱，反火番弓地不成。

教君术，看随从，左右公孙齐拥奉。天乙太乙两边迎，亦要拜龙来进贡。

大凡真龙，行度起伏，顿跌节节。光净高山之龙，一起一伏。平洋之龙，相牵相连。合五星者，谓之正龙。配九星者，谓之变曜。龙分三等，穴问三才。有上聚而下散，有下聚而上散，有上下皆散而中间聚者。左聚右散，左散右聚，左右皆结聚者。而或上中下皆有结聚。此皆天然的定之穴。凡星峰结穴，与众不同，自然秀丽。合穴法，有背面结顶降势，落头有情，开井放棺细认。生气或正侧，或尖圆，或浮沉，或粗细，要得的当住绝去处，迁穴无误。详来脉之急缓，开井放棺之顺逆。急者伤脉取饶，慢者缓脉取斗，谓之奇偶相会，阴阳相泊。披瓜切藕，斩木生芽。明暗蝉翼，结穴本身。开张翼臂盖穴为明，人手影翼护穴为暗，翼两边一样谓之双金。正穴穴居其中，一长一短谓之片金。凡星脉强弱，生死分鬃，譬脊入首，须要气脉分明，雌雄界止，方为的实。大抵结穴，不过取砂水回抱，聚围拱揖，切认后龙来与不来，穴情住与不住，前砂抱与不抱，明堂血脉聚与不聚，取其灰中之线，草中之蛇，截荡开孤，挨金剪火，脉息窟突，饶减迎接，以定剪裁之法。如明堂之水，散直斜返，砂脚飞窜，入穴元气，断然不吉。天机妙诀尽矣。

水 法

穴虽在山，祸福在水，所以点穴之法，以水定之。山如妇，水如夫，妇从夫贵。如中原万里无山，英雄迭出，何故？其贵在水。故曰：有山取山断，无山取水断。夫石为山之骨，土为山之肉，水为山之血脉，草木为山之皮毛，皆血脉之贯通也。只用天干不用地支，水法皆然。乾坤艮巽大神，甲庚丙壬中神，乙辛丁癸小神，谓之内三神。寅申巳亥大神，子午卯酉中神，辰戌丑未小神。地支不问坐向，放水来去并凶。逢太岁冲动则见祸，依金木水火土定吉凶。或往来双行，干多支少半吉，支多干少大凶。干清流长，支浊流短。双行双去谓之驳杂，如法者，八干来四，维去为妙。若小神不入中神，中神不入大神，则不吉。有大神若八干，水不来只平稳，无福不发，谓之无禄马贵人，如水神不相克，纵为不大发，无祸。寅申巳亥乃亡神劫杀之地，子午卯酉乃桃花咸池之地，辰戌丑未乃墓库魁罡之地，水法皆忌之。甲乙艮兼丁丙巽，辛庚坤与癸壬乾。贵人三合连珠水，三合连珠烂了钱。辛入乾宫百万庄，癸归艮位发文章。乙向巽流清富贵，丁坤终是万斯箱。巽坐水流乾上去，金水相生富且贵。若流辛戌亥壬方，失火徒流几遭遇。乾山巽水山朝官，来水去水终一般。莫教巳辰来去见，男孤女寡出贫寒。坤山艮水出富豪，为官分外更清高。切忌丑寅支上去，瘟癀虎咬几番遭。艮山坤水还主富，广置田地开质库。莫教申未两宫流，卖尽田园并绝户。甲乙艮格坤申龙，作甲向取乙水入。堂流艮千步为吉，艮木生乙火为奇。乙坤正马艮正禄，得丙水同归是艮正马，禄马同上御街，丁丙巽格亥龙，丙向丁水，入堂流巽千步吉。盖巽水生己木，己木生丙火，丙火克丁金，生入克出吉。辛甲二水流巽名，禄马步鸿门。辛巽正马甲巽，正禄辛庚，坤格艮巽龙，庚向取辛水入流，坤去大富，又乙水来入，坤去禄马上御街，壬癸乾格巽巳龙，壬向取甲癸，辛水入流乾千步吉。甲乾正马，辛乾正禄，乾金生甲水，癸土生乾金，乾金生辛水，合金马玉堂格，辛入乾宫格，巽巳龙辛，向辛水流乾千步吉。喜甲癸丁庚水佐之，癸归艮位格坤龙。癸向取壬水流艮，要丙乙两水佐之，乙向巽流格申龙，乙向甲水过堂流，巽长去吉。巽向乾借马上街，丁坤万箱，格寅艮龙，丁向取乙辛，丙水归坤去流千步吉。乙坤正马，丙坤正禄，禄马步鸿门，坤土生丁金，乙火生坤土，阴阳会合最吉。乾坤艮水不宜来，巽水可来亦可去，寅申巳亥，四生之水，宜来不宜去。生入克出吉，生出克入凶。要龙真穴的方验，此用洪范五行也。宗庙水法，专取净阴净阳，不识生克消息，所以祸福不明也。庚向癸水流巽贵，甲向丁水流乾贵，丙向辛水流艮富，壬向乙水流坤富，此四贪狼格也。巽庚癸兼乾甲丁，艮丙辛与坤壬乙，四贪狼格真奇异。丙向癸水流乾，甲向辛水流坤，庚向乙水流艮，壬向丁水流巽，此三奇过度格也。乾癸坤辛正是奇，艮乙巽丁过度时。若是相逢依逆顺，为官蚤折月中枝。已上不问阴阳，二宅左右前后，有沟渠、砖头、水墓、茔水、长河，水合格发福久远，不合此纵发易退。凡是甲水不可流辰，乙水不可流卯，丙水不可流未，丁水不可流巳，庚水不可流戌，辛水不可流申，壬水不可流亥，癸水不可流丑。犯此者，主贫寒。乾宫正马甲方求，借马原来丙上游。辛是乾宫之正禄，三方齐到福无休。巽辛正马甲正禄，艮丙马兮禄乙搜。坤是乙方为正马，丙为正禄更温柔。辛水流乾禄也，是乾于巽借马上街，盖辛乃巽马也。甲水流巽禄也，是巽于乾借马上街。乙水流艮禄也，是艮于坤借马上街。丙水流坤禄也，是坤于艮借马上街。盖甲乃乾马，乙乃坤马，丙乃艮马也。四大神水去要禄马水上街，正马不如借马快，六年后便发。凡人家放水，先取御街，次看禄马，先禄后马，先马后禄，合此主富贵久长。如乾水长流数百步，甲水来是乾正马，辛水来是乾正禄，又是借马禄马，同上御街。巽水长流百步，辛水来是正马，甲水来是正禄，禄马上街又得丁水来佐之，是巽于兑宫借马，丁乃兑马也。又乙水来合，金马玉堂格。艮与坤之长去，仿此。巽艮六秀水大贵，乾坤只主大富。凡水流，小神长去，不流大神，中央隔断不发。若流大神，无八干来水，亦不发，谓无禄马也。一步四尺八寸，水漫三年行一步，水急一年行三步，不急不缓，一年一步，太岁冲动定吉凶。龙穴真验，乾坤艮巽，为水之宗，能纳八国水、八干水。禄马贵人之乡，多喜来折四维去，吉。如不折四维，凶。十二支放水，凶。杨筠松《青囊序》曰：生入克入为进神，生出克出是退神。退水宜流千百步，进水须教近户庭。进退得位出公卿，大旺人丁家业兴。甲庚丙壬水来朝，其家大富出官僚。水明消息少知音，尽去元空里内寻。截定生旺莫教流，库方来去定非祥。小神须要入中神，中神要入大神位。三折禄马上街去，一举登科名冠世。奇贵贪狼并禄马，三合连珠贵无价。小神流短大神长，富贵声名满天下。大神中神入小神，主灾乾坤艮巽号。御街来为黄泉，只宜长去。

骑龙斩关歌

三十六座骑龙穴，不是神仙不能别。水分八字两边流，且是穴前倾又跌。无龙无虎无明堂，水去迢迢数里长。真龙涌势难顿住，结穴定了气还去。就身作起案端严，四正八方俱会聚。前案不拘尖与圆，或横或直正无偏。但寻气脉归何处，看取天心十道全。外阳休问有和无，只看藩篱与夹辅。左右护龙并护水，回还交锁正龙居，或作龟肩与牛背，或作鹤嘴蜘蛛肚。凤凰衔印龙吐珠，天马昂头蛇过路。或在高峰半山上，或在平洋或溪畔。或然山绕千万重，或然水去千万丈。教君细认无怪奇，左右缠护不曾离。水虽前去三五里，之元屈曲合天机，更有异穴倒骑龙，前后妙在看形容。千变万化理归一，尽在高人心目中。要妙无过捉气脉，吉凶祸福分黑白。

凡骑龙穴法，只要包裹夹辅周密为主，但大发三十年，后即无应。骑龙之穴，有名穿尸煞者，如亥艮骑龙，余气变作乾壬丑寅而去者，则亥艮之气止，乃真骑龙也。若仍作亥艮而去，则其气不止，名穿尸煞也。吴天臣曰：骑龙以弱即可骑，雄粗则不可扦夺，总皆然。斩关不拘雄大，而官星亦有雄大者。

穴法赋 有论。

夫五行之气，行乎地中。堆阜有起伏，气亦随之。气凝而聚，则堆阜之气自异。或异于形势，或异于皮毛，或异于精神，或异于气质。外相既异而内相所蕴者，必异矣。非土石之所能异也，其气使之然也。若夫恶石壅肿，急水倾泻，土脉焦枯，飞峰斜埀，魔形鬼态，若此之气谓鬼劫气，必产妖孽，然又不可一概而论之也。必须详其真伪，定其虚实。形虽粗而有藏神之所，势虽恶而有受气之方。虽迫而气象雍容，虽急而意思和缓。其凝或俯或仰，或突或窟，或凸或凹，或钳或乳头，或垂珠，或正脑，自然若揽而有。其取穴之时，须要澄心静虑，使自家神气与之融会。所谓恍兮佛兮，其中有物；佛兮恍兮，其中有象。审覆裁度如是者，十回九度，然后了也。如云散雾收，见明月之当空，观青山之对户，确然不可移也。穴法一定，虽方寸之地不动，真所谓蚕口吐丝，蜂唇排彩，非明目妙观，未易得其要也。大抵捉穴之法，先认元武入路，气脉或浮或沉，或偏或正，或大或小，或高或低，或土或石，随其所受，有所泊之处，气道分明。就中详其明堂，坐下端正，或方或圆，或曲或直，或大或小，或深或浅，或长或短，随其所受，必以坦夷端正为上。看何边裹就，必于有力处凝结，其朝山，或远或近，或方或平，或尖或圆，或高或低，或连或峙，或成形象，或合星曜，尤为奇特，随其遇必以朝来趋揖为上，横过者次之。其落处坦夷，妙在托护尤切。乃证穴之坐向，宜加意焉。夫一边裹就者，流神环抱为上，其或自家成局，只将龙虎一边为案，尤为奇特。亦有朝山只在一边，不堪对的，不可拘其正对也。其法须要坐下局势，有力不在乎朝对之偏正也。更有奇形异穴，最难审察。或在高山之上，或在石壁之隈，虽是坐下悬泻，必有取穴之象。自见稳固，或在平洋，有丛石堆土以聚，其气或居江海之远，有异石奇峰，以照其局，但认来情，识破其藏神之处，依法裁之，皆能自福。其效尤速，不必拘其平地。穴法，先贤论之深矣。赋曰：天地一气，阴阳所根。赋万物以动植，禀五行而化成。气乃水以为母，物非土而不形。构阳精与阴魂，实同出而异名。况千形万态之难状，举一言半句而粗陈。苟得其机，管取多多益辨。如穷其趣，自然个个分明。盖闻龙之形势，在于山头；穴之元妙，不离坐下。端兮平兮，是固所宝；倾兮欹兮，有时可诧。旺龙势猛，穴前必有横栏；爻象钳开，坐下任交低泻。观其自来自做，独关独拦；但以一平受气，何须叠嶂重关。吐嘴高原，近取一边。有势飞丝落地，回看数里无山。不论流峙高下，但寻出处湾环。去水直兮，取逆流而横障。来势猛者，就弱处以偏安。亢雄横过，干将回后。有独峰之鬼，顺受逆流，关得住不愁。前应无官，抑尝有龟行龟住，肩有浮沉。月满月亏，影分偏正。犬眠牛眠者，当明脐乳之高低。星高月朗者，莫滞星峰之掩映。覆釜兮弦处堪安，悬钟兮声中可听。天财两头齐峙，托护高物居担。凹扳鞍前垄微高，朝应近穴居垂镫。若夫阳既凝而阴必结，龙不成兮穴难真。伏似兽而昂似人，俱要胸前有手。高为耳而低为眼，细详头上有真情。似手则曲池湾中可取，垂掌则中指倒处堪亲。点盐就动，中而寻讨，大指旁虎口以为荣。鬼若抬头，看在何边而证穴。托如得位。借外照以成形。三金之下有台星，穴随前后。七穴之中横土局，星在后随。尝闻论其局，取其关拦，喻以形，要其活动。鹤飞凤舞，看顶翼之藏露；牛眠龙蟠，辨尾稍之低耸。螃蟹之脐，近水动举时，力在两螯；蜘蛛之腹，吐丝环抱处，功居四拱。但见夫披廉斜下，平分摆处，瓜蒂垂囊，穴居乳头。元武微凸，则偏仄之文何取；虎口推开，则当胸之乳堪求。两爻石脉分明，垂凹有物；一平土气丰实，贴脊为优。蜉蝣露平地之踪，近取穴前环抱竖。掌掩上亭之穴，毗连脚下两重。台星足下带三星，个个有穴；天火顶门生两土，各各成龙。

试言夫斜抛旁闪，模石之下有真。扫荡飘流，曲折之中为据。势嵬峨者，取其平中；形偃仰者，穴其低处。一边独力，宜抱揖以斜趋；两股俱回，则兼收而并取。旁边不正者，气结垂珠；肥满不抱者，宜安侧乳。中心矗矗，竿头高而旗脚皆回；四顾团团，角弓满而箭头相住。岂不见单提之穴孤取，任左回而右缺；夹襟之势宜低，忌水走而砂飞。对面之勾不长，与兜堂而何异；中心之势，平坦似毡席以何疑。虚一边者，功居四拱；用四正者，妙在毫厘。脉有浮沉，要识浅深之妙理；局分偏正，要明坐向之深机。叠叠峰峦坐下宽，须看前头急转。平平支垄水城归，乃观对照青奇。大抵回环而尽者，虚背而腰迎；趋流而去者，舍前而取后。护托得位者，不拘远近；返抽而拒者，何分左右。举罾下罾，物在坠中；撒网收网，游鱼动处。穴前垂泻，宜居后以深藏；坐下端方，莫滞前朝之秀巧。若夫高山之脉，尚谓难察；平地之踪，尤宜细详。或勾夹，或旋螺，地势只凭环抱；如蚰蜒，如龟肩，土色必异寻常。堆石丛土者，必不孤而有应；绕流曲折者，迎其势而多情。

巧拙穴赋

龙有臧否首须知，穴无巧拙难整齐。好母偏生奇丑女，名郎不择俊骄妻。高人论德不论色，阀阅只问谁氏儿。天机好处从来秘，不教俗眼知奇异。寻得龙真没穴迁，地作茅丛容易弃寻。自是蒹葭成穗小，由来芍药结苞深。梧桐叶上生偏子，杨柳枝头出正心。杞梓槎牙难见实，要从变处识精金。芦花袅水东西点，未必条条著地寻。一点露华垂草尾，十分香味在花心。岸上楼台沉水影，山中木直堕田阴。龙头必向云中出，蛇颈难从山上擒。此义仙人不传授，高明通晓在中襟。若知始祖传家好，更有前砂识幸心。若还只问好头面，假穴常常真乳见。说水谈山世俗多，用拙不能争奈何。误葬每因求正面，不迁浑是弃斜坡。岂识真元奇妙处，仙人多是下偏坡。好妇不须全俊美，福人何用大喽罗。只用源流来处好，起家须是好公婆。

111

二十四山五行各属水法起长生诀

甲寅辰巽大江水，戌坎申辛水总同。

震艮巳山原属木，离壬丙乙火为宗。

兑丁乾亥金生处，丑癸坤庚未土中。

水土长生在申，木局长生在亥，火局长生在寅，金局长生在巳。

长生　沐浴　冠带　临官　帝旺　衰　病　死　墓　绝　胎　养

养生贪狼位，冠带沐浴文。武曲临官旺，逢衰是巨门。廉贞多病死，大墓属破军。绝胎是禄存，七曜一齐分。

水土局起长生图

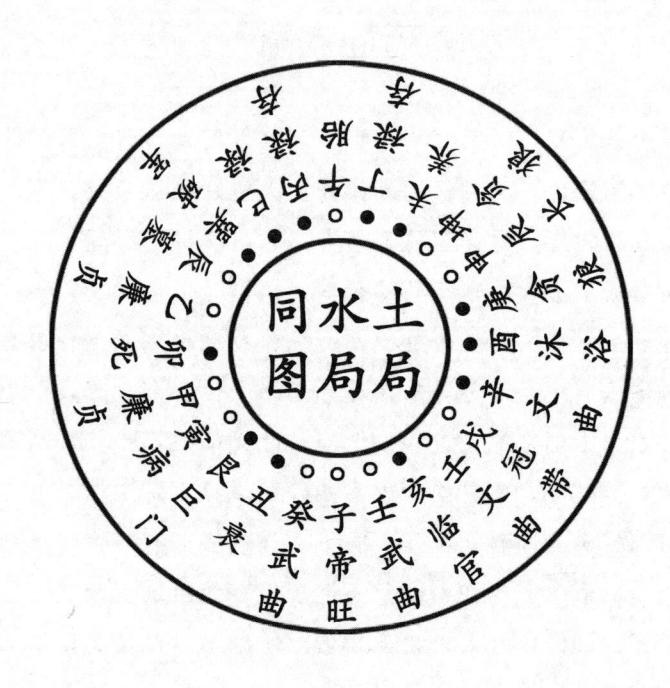

火局起长生图

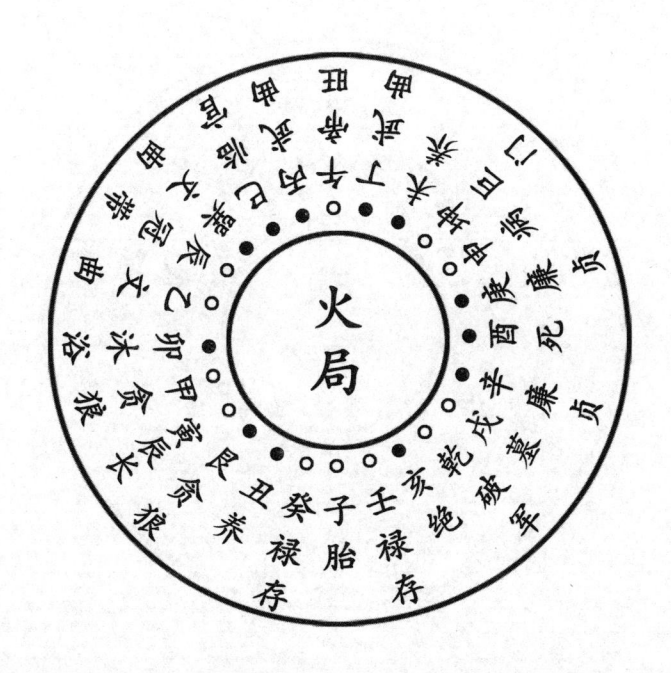

木局起长生图

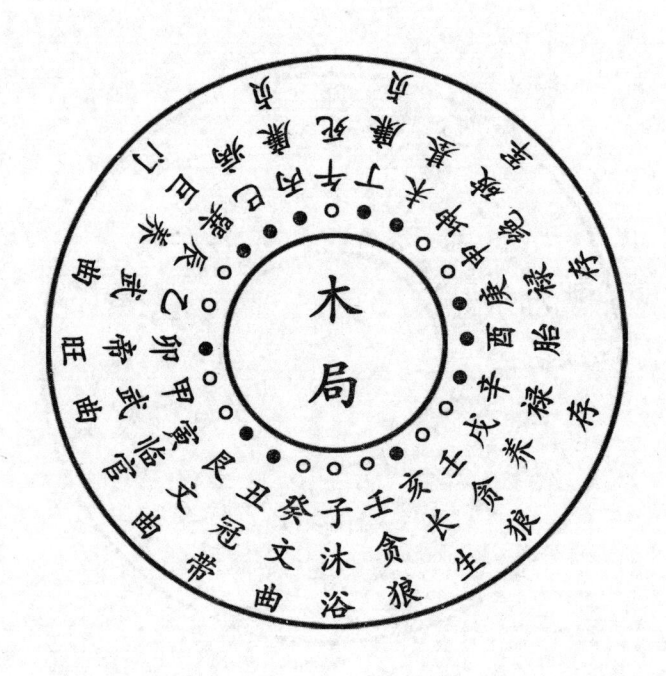

金局起长生图

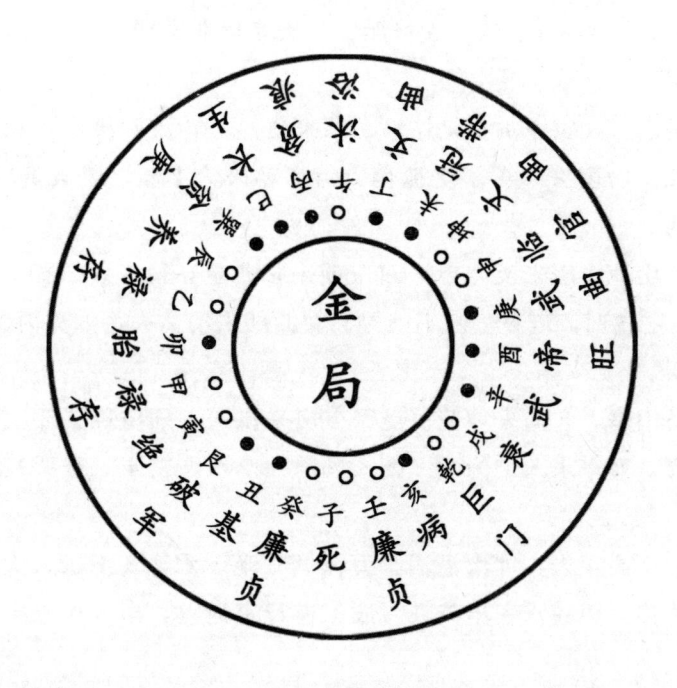

杨筠松二十四山向诀 《望江南》调。

金 乾山冈，巽巳丙来长。庚酉旺方皆吉利，大江流入不寻常。流寅甲，出公郎，流破庚申定逃亡。辰巽若从当面去，其家长子切须防，抱养不风光。

金 亥山脑，贪狼巽巳好。申庚辛戌自南来，积玉堆金进横财。丁水去，锦衣归。马羊午未。走入女怀胎。流破辛庚兼辰巽，三年两度哭声悲，家业化成灰。

火 壬山奇，寅甲贪狼是蛇马。湖来还更好，流归庚戌正相宜。家富足，出贤儿。巳丙去，长子受孤恓。但遇朝来为上相，流破寅甲定跷蹊，妻子两分离。

水 子山地，庚未及坤申。四位朝来多富贵，酉辛射入妇人淫。龙辰也。走入，定遭刑，流破生旺不须寻。文曲朝来动瘟火，如流丙巽出公卿，来去要分明。

土 癸山来，穴向未坤裁。更得申庚来拱入，须防辰巽反流回。丙宫去，永无灾，酉辛水入定为乖。朝入风声并落水，三年二载哭哀哀，军贼损资财。

土 丑山高，未，坤水滔滔。万派朝来坐下水，亥壬拱入大坚牢。亡者安，紫线袍，丙巽水去出英豪。辰午逆行家退败，出入疾患主风痨，忤逆动枪刀。

水 艮山峰，龙虎兔来雄。乾位戌猪从左入，须寻卯乙觅仙踪。庚丁去，出三公，丙辛水破亦无凶。只怕丁宫并酉位，这般来水若相冲，即便主贫穷。

水 寅山长，申庚水过堂。亥壬子癸横来吉，流归辛酉正相当。巳午丑，最无良，宜去不宜横箭射，朝来人口败其家，妇女守空房。

水 甲山庚壬，子及坤申。二水名为贪狼位，来朝入进昌荣家。宅好安宁，辛酉去，旺人丁，返过明堂人少死，安坟立宅主孤贫，灾祸起重重。

木 卯山强，金鸡最不良。朝宫戌亥皆为吉，折归庚去出朝郎，税产不寻常。未坤水,实难当,穴前流入主瘟瘽。不问人家并寺观,年年水厄动官方,家宅落空亡。

火　乙山辛,巳午两边迎。寅甲右边朝二水,迁合皆昌荣。此局流乾壬,赛过孟尝君。猴鼠两来君莫下,犬方来水定遭刑,室女被人凌。

水　辰山奇,鸡犬不相宜。但喜甲庚壬子癸,朝出最为奇。辛酉去,著绯衣,庚壬流破损头妻。若得龙真并穴正,千门万户足光辉。

水　巽山乾,坤坎要朝坟。此水入来为第一,庚辛申酉不堪闻,来水定遭瘟。申子去,命难存,人丁夭折绝家门。昔日颜回葬此地,至今世代尽传名,术者细推寻。

木　巳山亥,乾壬戌水来。寅卯引龙东折去,世家富贵永无灾。庚癸去,旺田财,不宜牛鼠逆行回。坤未寅甲皆不利,频频流去养尸骸,水泥浸棺材。

火　丙山壬,虎牛过堂流。戌去更兼马上起,峰峦位位旺田庄。彭祖寿,永不亡,内抱长吉昌。三五十年无破败,若还戌入定遭刑,缺陷配他乡。

火　午山子,沙水要相顾。艮丑寅甲向潺潺,决须流归乾壬路,世代家豪富。犬回顾,鼠赶虎,投军做贼败宗祖。请君仍向巽宫扦,儿孙拜相为宰辅,田地遍他府。

金　丁山头,庚酉要横流。但爱龙真并穴正,水流甲乙足堪求,田地万余丘。巽巳朝入旺田牛,丙宫富贵真歆羡,赛过小扬州。

土　未山龙,卯乙怕相逢。子水朝来真可下,坤申后入一般同,福禄永无穷。辰巽宫,此水量为凶。切忌回顾侵入坎,宜流甲乙主财丰,富胜石崇公。

土　坤山裁,亥壬子癸水。流来流归丙乙去,无灾安坟立宅足,钱财龙摆去。虎头回,家业尽成灰。连年灾祸起,不闻鼓乐只闻灾,室女定怀胎。

水　申山头,猪赶鼠牛走。三宫朝入水,女作宫妃男作侯,富贵在他州。甲丙去,永无忧,宝马金鞍侍冕旒。不论三房并四户,人人起屋架高楼,钱旺主乡州。

土　庚山长,壬亥朝来皆大旺。但得三湾并五曲,一湾抱处得荣昌。

龙安静兮虎伏藏，闺中室女淑贤良。最怕死兔并无虎，若还逆转退田庄，岁岁动瘟癀。

水 戌山辰，子癸及坤申。此水贪狼并武曲，两宫扦穴旺人丁，金玉满堂新。东南去救，孤贫俗嫌。左右山砂无回顾，主人长寿亡者宁，谁识富豪坟。

金 酉山金，龙蛇大会总。朝迎四季流来添，进宝逆流艮土出，公卿世代任专城。庚辛立宅好安坟，四个禄存流尽处，儿孙跨马入朝门，个个尽超群。

水 辛山真，水宜未坤申。左右两边横在穴，宜流丙甲忌流辰，仔细认朝迎。旺方胜扦穴下未，庚龙赶马兔逆行，坤申流破定遭瘟，少死绝人丁。

收水诀

第一养生水到堂，贪狼星照显文章。长位儿孙多富贵，人丁昌炽性忠良。水曲大朝官职重，水小湾环福寿长。养生流破终须绝，少年妇女守空房。沐浴水来犯桃花，女人淫乱不由他。投河自缢随人走，血病官灾破败家。子午方来田业尽，卯酉流来好赌奢。若还流破生神位，堕产淫声带锁枷。此方水宜去。

冠带水来人聪慧，也主风流好赌奢。七岁儿童能作赋，文章博士万人夸。水神流去诸房吉，髫发儿童死不差。更损深闺娇态女，此方定畜乃为佳。临官方位水趋坟，禄马朝元吉气新。少午早入青云路，贤相筹谋助圣君。最忌此方山水去，成材之子早归阴。家中少妇尝啼哭，财谷虚空彻骨贫。朝来武曲旺人丁。

帝旺来朝聚面前，一堂旺气发庄田。官高爵重威名显，金谷丰盈有剩钱。最怕休囚来激散，石崇富贵不多年。旺方流去根基薄，乏食贫寒怨上天。秀水特朝破旺，居官卒任尸还。

衰方管局巨门星，学堂水到发聪明。少年及第文章富，长寿星高金谷盈。出入起居乘四马，宴游歌舞玉壶倾。旺极总宜来去吉，也须湾曲更留情。四墓黄泉能杀人，巨门水是也。

墓库之方怕水临，破军流去反为祯。阵上扬名文武贵，池湖开蓄富春申。荡然直去家资薄，欠债终年不了人。水来充军千里外，三男二女绝凋零。四墓黄泉能杀人，破军水是也。

病死二方水莫来，天门地户不为乖。更有科名官爵重，水若斜飞起大灾。换妻毒药刀兵祸，软脚疯痰女堕胎。必主其家遭此害，瘦瘠痨蒸损形骸。主路死回禄，乾亥为官爵，巽巳为科名，亦不甚乖。

绝胎水到不生儿，孕死休囚绝后嗣。总使有生难收养，父子分情夫妇离。水大女人淫乱走，水小私情暗对期。此处只宜为水口，禄存流尽佩金鱼。贪巨武水宜朝来，注聚巨水宜倒右。武水宜倒左丙水，宜倒右乾水不拘。左右破水宜去倒，左禄水宜去倒右。

五星诀

金星圆如覆釜，遇火耸而为殃，方出头而是美，剥换净兮高强。
木星直如顿笏，动则乃是恩星，忌其圆而高起，惟取纯远为尊。
水星动是蛇游，其来长远堪求，更取纯而不杂，龙中最上峦头。
火星尖而秀出，居于南面离宫，喜直恶动本性，登山细认峦峰。
土星方而丰厚，形如覆盆相同，忌木喜火为伴，登山须辨真宗。

青囊经传，首出天文，末言地理，造福人生。论盈虚之至理，配八卦于五行，以三合并诸纳甲。定二十四山之尊卑，观天星之善恶，明地理之不群，察理气之盛衰，知祸福之避迎。虽气钟山川之清浊，实乃主生民之存亡。

青囊秘旨，道契乾坤，天得之而清，地得之而宁，日月得之常明，国得之而泰平，人得之而掌造化之权衡。

论气正诀

形气篇

宇宙有大关会，炁运为主；山川有真情性，炁势为先。

地运有推移，而天炁从之；天运有转徙，而地气应之。

天炁动于上，而人方应之；人为动于下，而天气从之。

有聚讲行讲坐讲，则气聚于龙。有权星尊星雄星，则炁聚于势。有盖胎夹胎乘胎，则气聚于穴。有收襟收堂收关，则炁聚于局。阴胜逢阳则止，阳胜逢阴则住。雄龙须要雌龙御，雌龙须要雄龙簇。

大地无形看气概，小地无势看精神。

水成形山上止，山成形水中止。

认气于大，父母看尊星。认气于真，子息看主星。认气于方，交媾看胎伏星。认气于成，胎育看胎息星。认气于化，煞为权看解星。认气于逢，绝而生看恩星。

认龙之气以势，认穴之气以情。

龙备五行之全，故山之形体象龙。龙极变化之神，故山之变换象龙。龙之体纯乎阳，故山逢阳而化，遇阳而生。龙之性喜乎水，故山夹水为界，得水而住。龙之行御乎风，故山乘风则腾，藏风则歇。龙必得巢乃栖，故山以有关有局为聚，以无局无关为散。龙凡遇物则配，故山以有配有合而止，以无配无合而行。

辨龙生死，须分三阴三阳。辨穴生死，须识阳多阴少。

龙有变体，或时顿住勒住。穴有变格，或为坠宫篡宫。

星体有正有附，兼衬贴之当辨。穴情有显有晦，并气影之宜详。

盖帐不开龙不巢，轮晕不覆穴不住，束咽不细气不聚，泥丸不满气不充。

五星不离水土体，九星常要辅弼随。土星不作倚，五星皆有撞，水火不可盖，水土岂能粘。

坐宕坐旺坐煞，是为坐法。全胎保胎破胎，是为作法。

挨生傍炁，或为脱壳借胎，或为子投母腹。脱煞逢生，或为借母养子，或为以子救母。脱龙就局纳前朝，只为半伪半真；撩山劈硬处平基，只畏直来直受。

平洋之气，常舒常散，须要汤里浮酥。山陇之气，常急常敛，当看水面蟠蛇。没水之牛，气仰而吹，宜乘其气。出洞之龙，炁直而吐，宜乘其余。精华外露之气如华。宜葬其皮。精华内敛之气如果，宜葬其实。

龙穴有阴阳，砂水亦有阴阳；龙穴有生死，砂水亦有生死。

气有虚实，法当以实投虚，以虚乘实。气有先后，法当先到先收，后到后收。

傍城借主，须详审乎托落；就向拗龙，当消息于明堂。

有弦有棱则形真，若涌若凸则气到。认炁难于认脉，葬脉岂如葬气。

法葬之葬，法在形里；会意之葬，意在形表。

龙之贵贱以格辨，龙之支干以祖辨，龙之大小以干辨。故同龙论格，同格论祖，同祖论干。龙之去住以局辨，龙之正偏以堂辨，龙之真伪以座辨。故同龙论局，同局论堂，同堂论座。

凶星不无夹杂，只要有胎有化。吉曜总然雄耸，亦要有精有神。山谷变迁，山川变色，造物固自有时。控制山川，打动龙虎，作用各自有法。

理气篇

盖地无精气，以星光为精气；地无吉凶，以星气为吉凶。

用先天以统龙，若辨于四龙天星。用后天以布局，尤宜审乎三般卦例。

以龙定穴，须审入路阴阳；以水定向，须审归路阴阳。

入首入手，则龙与脉取由辨；分金分经，则来与坐取由分。

脉看左右，落则脉可辨真伪；炁审左右，加则炁可别淳漓。

龙脉有顺逆，乘氛自当有辨；五行有颠倒，作用各自有法。

氛有乘本脉而不容他杂者，气有借傍脉而可隔山取者，氛有合初分脉而不为遥远者，氛有串渡峡脉而不为邀截者。总之，龙气无尺寸之移，受气有腰耳之异；分金有转移之巧，氛线无毫发之差。

中氛当避乘气，故取三七放棺；旺气宜乘分金，亦取三七加向。

脉不直而气直，何畏直来直受；氛不斜而棺斜，乃为正贯正乘。

龙以脉为主，穴以向为尊，水以向而定，向以局而分。

来路看四生，坐下看四绝，局内看三合，向上看双金。

制煞莫如乘旺，脱煞正以扶生，从煞乃化为权，留煞正尔迎官。

客水客砂，尚可招邀取氛；真夫真妇，犹嫌半路相逢。阴用阳朝，阳用阴应，合之固眷属一家。山运收山，水运收水，分之亦互为生旺。

主有主氛，内宜秘乎五行；堂有堂气，外宜亲乎四势。

龙为地氛，当从骨脉实处窍其内而注之；水为天氛，当从向方虚处窍其外而引之。在天成象，在地成形，同乎一氛。故天象以太阳为尊，而地法以廉贞为祖，同以火星为万象之宗。象垂吉凶，形分祸福，同乎一域。

故星光以岁星为德，而地法以贪狼为贵，同以木星为万象之华。

先天以一阴一阳对配为主，故四龙天星，惟取相配，阴与阳合，阳与阴合。后天以分阴分阳致用为主，故八方坐向，可借为配，坐阳收阴，坐阴收阳。先后二天，先为体而后为用，贵通其体。阴阳二氛，阴非贵而阳非贱，在适其宜。

地以八方定位，正坤道之舆图，而以正子午为地盘，居内以应地之实。天以十二分野，正躔度之次舍，故以壬子丙午为天盘，居外以应天之虚。

锦囊篇

天星地形，上下相因。山不入相，形不入星。崎碎反摆，家业主凶。由本寻末，由干寻枝。山异枝，水异源，阴阳之理，存乎其间。阴阳交而天地泰，山水会而气脉和。雌雄相趁，牝牡相应。山不葬者，单雌单雄；

水不用者，孤阴孤阳。山不离水，水不离山，子孙其昌，人鬼其安。不离之道，回曲关阑，山夹水行，水随山转。辰高如停，应天之星。十里之中，公侯所生。后气不随，前气不迎，二气不降，五逆囚兵。其住如禄，其行如马，其降如龙，其伏如虎。阴阳得位，而后成形。若也差殊，反招孤寡。万里之山，各起祖宗，而见父母，胎息孕育，然后成形。是以认形取穴，明其父之所生，母之所养。天门必开，山水其来，地户必闭，山水其回。天门水来处也，地户水去处也。开三之道不露风也，闭五之道以藏气也。反棺转尸，风之所吹；泥沃水积，气之所离。日月不照，龙神不依。山的者逆，水箭者绝。死魄不安，生人所害。正道之诀，道眼为上，法跟次之。揣摹臆度，灾祸必随。山脉十二，水脉随之。山狂则度，水狂则怒。欲识其子，先看其母；欲识其孙，先看其祖。兄弟二气，同归一路。此望山之要也。脉之不断，其连如线，大江大河，终不能界。故法有九变十二换，然后成龙。地势平夷，气脉所藏。穴居其中，不居其旁。中则福身，旁则祸家。隐隐隆隆，四方来同。突中有窟，高处低也；窟中有突，低处高也。状如仰掌，左宫左取，右宫右裁。至如山形曲屈，长短异属，方员大小，迎财就禄。迎财收迎，砂也。就禄对秀，案也。尺寸高低，随势变移。明堂正应，以次而知。福厚之地，人多富寿。秀颖之地，人多轻清。湿下之地，人多重浊。高亢之地，人多狂躁。散乱之地，人多游荡。尖恶之地，人多杀伤。顽浊之地，人多执拗。平夷之地，人多忠信。后山欲福，前山欲禄；左山欲曲，右山欲肉。坐穴如屋，明堂如局。三阳不促，六建俱足。三阳，明堂为内阳，案山为中阳，案外朝山外阳也。六建，水抱左为天建，抱右为地建，前为人建，禄建，马建，命建，照于前是也。故天乙太乙者，富贵之本原。天禄天马者，富贵之任用。文宫武库者，富贵之应验。左辅右弼者，富贵之维持。男仓女库者，富贵之设施。寻地之要，贵全不亏。若山厚则力胜，山长则力久，势远则难败，势近则易成，自然之应也。至于倾敧、斜仄，孤单、蓄缩、背戾，惊狂、反逆、尖射，如此之类，俱不成地。一不相粗顽丑石，二不相急水争流，三不相穷源绝境，四不相单独龙头，五不相神前佛后，六不相墓宅休囚，七不相山冈撩乱，八不相风水悲愁，九不相坐下低软，十不相龙虎尖头。

《道法双谈摘句》

胚 胎

语曰：要为天下奇男子，须读人间未有书。甚哉！见之不可不广也。近世阴阳家，或泥一家言，或执一家局。见天星者，神影响以为幽。见峦头者，执形貌以为正。较砂水者，取凭于象应。耽柔脆者，戒险于巉顽。此见一成，胚胎已坏。虽十杨百廖，日与之处，不可与易。往往高明，在此错过，良可痛惜。

学 步

地理之学，始与认星，中于炼格，终于达势。一峰两峰，可以论星。五星九曜，双兴叠出，可以论格。升沉吞吐，阖辟去来，可以论势。故曰：占山之法，以势为难，而形次之。形者，五星九曜之谓也。金木水火土无纤毫夹杂者，此谓正体。若五行化气，二炁含形，或相生而为天财金水，或相克而为天罡孤曜，此则九星九体之变也。以此五九因而重之，或火木三五而为华盖三台，或金水八九而为芙蓉帘幕，品格从此出矣。至于势则出没于金水之间，隐显于火木之界。五星混合，九曜交并。头是脚非，肩全背缺。神龙文凤舞，象旋蛇虎踞，牛奔奇奇怪怪。风云变态，神幻化于顷刻之中。符印连行，转祸福于呼吸之际。若此者，可以形相，不可以星名；可以意会，不可以格泥。此势之所以为天下奇观也。

一 认星

五星正体图

图说

此五星正体也，形神冲泰，体格均停，得精气之至粹者也。
五星者，金木水火土也。

九星变体图

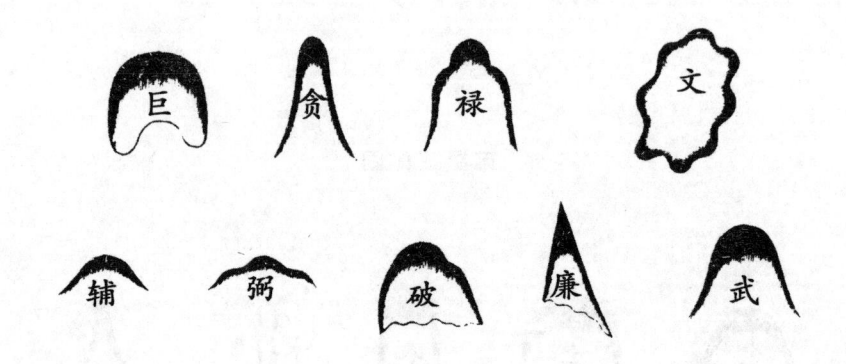

图说

　　此九星之变体也。九星者，贪、巨、禄、文、廉、武、破、辅、弼是也。天下之物，非生不成，非克不胜。不制则太过，不化则不新。人知有生之功为妙，不知化生之功为尤妙。有生有克，有制有化，而后可以神。造化之用，贪狼木脚，带水太阳，金身夹土，皆不离母气，是谓有根。金水金肩，吐水天财，土角流金，皆微露息机，是谓有化。太阴角锐，带火似若相伤，然金盛火微不以为克，金得火而器成，反为有用。惟扫荡不金，去而莫止，燥火不水，亢而莫制，此则出身既不裁根，禀恶不逢化气，凶曜之不足取者也。若孤曜金木为刑，天罡火金相战，虽金资火炼，木赖金裁，然身轻煞重，克制太过矣。

二炼格

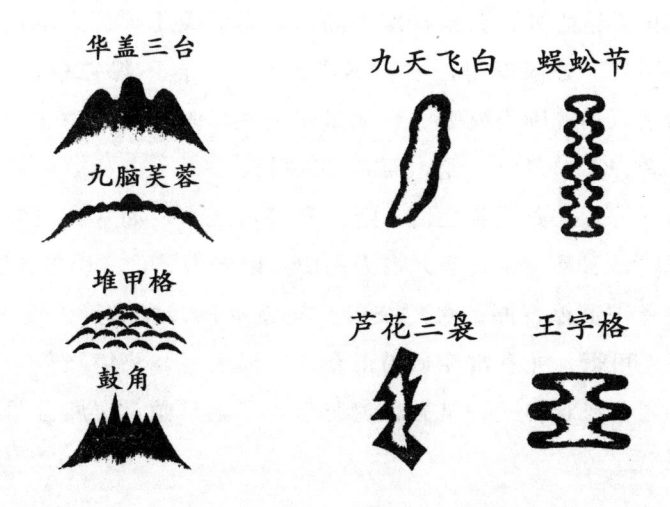

华盖三台
九脑芙蓉
堆甲格
鼓角

九天飞白　蜈蚣节
芦花三衮　王字格

图说

　　格亦不出星外，但星常而格异，山形融结，因物肖形以尽其妙耳。好格非一星所能为。木乘水荡，方成鸾凤之姿。金得火熔，乃作鼎彝之器。今之学者，星关尚跳不过，何敢望此。故认星易，认格难。论品格者，当论其祖。福气厚薄，力量大小，不在成格之后，即在起祖之时。其状有若垂天之云者，有若风雨骤至者，有若波涛汹涌者，有若万马行空者，有若列戟而出者，有若陈兵而止者，有若大剑长枪者，有若横攒武库者。屹然巉然，气象万千，或煞炁凌人，令人肃然而恐。或清气逼人，令人悠然而忘。此所谓得百格不若得一祖之为胜也。

　　有同祖异格者，有同格异祖者。然同格以祖为主，同祖以格为重，不可执同祖边见有失重轻。

三达势

　　势亦不出星格之外，只是行度中间，有高低大小远近之不同，飞腾摆折潜见之不一耳。破禄不得，三吉不成正龙，三吉不得破禄，不成大势。星格无势为之，运旋则为死魄。势无星格为之，附丽则为虚车。二者相为存亡。达势者，不但可以识龙，而亦可以得穴。

　　曾文遄曰：观来龙缓急之情，定入穴剪裁之术，如常山之蛇，击首尾应，击尾首应，真是一了百当。古人占山，以势为难，其谈虎色变者哉！

　　适千里者，赍粮自厚。巢一枝者，托迹自轻。故观其出而大小可知，观其变而远近可得。龙有常变，局正有奇。局大者，势堪飞舞，行看吐气扬眉。局小者，势难转武，早见息阴避彭。车驰马骤，定属分争，拜伏贡陈，盖知混一。

贵　干

　　星以成格为尊，格以屏帐为重。屏帐非大势不成，大势非干龙莫有。故论格当论祖，又当论干之美者。如涨天之水，凑天之土，献天之金，冲天之木。他如华盖三台，尊极帝座，霞帔云锦，鹤驾鸾舆，其势多是侵云插汉，倚日依霞，惟干龙手段绵氏，故能备诸美态。次则小干大枝，亦或有之。

神　气

　　神气云者，合内外主客而为言也。以形而观，则短不逾长，美不掩恶，所见每拘于形之内。以神气观，则似短而实长，似弱而实强，所见每超于形之外。大抵全倚罗城，有力为主。其力量大小，有不在一星一脉论也。所谓合众观以成其大，假外相以存其神也。其中星体又贵短而有格，乃能收摄外气，控驭群英以为我用。不然既短且弱，其形已坏，形既不豪，神将焉附？所谓不得个中真种子，犹将水火煮空铛，亦何济哉！

气　象

　　力量大小不同，而气象亦异。有一人之气象，有一家之气象，有一邑之气象，有一郡之气象，有一国之气象。大龙巨干，万仞千峰，倘然而来，幽然而止。其顿也，若降众山而臣之。其伏也，若怀万宝而藏。掀天揭地，襟江带海。幽奇远秀，依稀天汉之间。水口关拦，仿佛杳冥之际。水不可以阴阳论纯疵，砂不可以正侧辨好丑，穴不可以饶减观作用。见之而不敢言，有之而不敢取，此一国之气象也。人能于此料理，则临之至大而不惊，投之至小而不疑，方是屠龙手段。

　　嵯峨兀突，雨集云施，是威武气象。千官凛立，万卒森罗，是庙廊气象。笙歌影里，灯火光中，是富贵气象。出身壁立清峭，如烟云断续，星月流形，雁影排空，蜻蜓点水，是清高气象。若一灯兀坐，半户无扃，陋巷规模，夫何足道哉！

　　昔伏羲地在昆仑山顶，文王地在岐山上，其气上腾，四面围拱，正所谓"利见大人"之象也。

　　万山之巅，忽然开荡，众山磊落，水聚砂环，自成门户。下面视之，只见层崖叠壑，不可扳跻，及到其中，如履平地。此地未经开辟，或为茂林、深草掩蔽，或为神灵、仙佛所居。欲其规世，须是天开造化。雷霆惊折，风火变更，始得此天地之珍秘，鬼神之呵护。留待至人，不可轻泄。故曰：第一天清最异穴，不作尘寰泥水结。开门立户在云端，灵光直与星辰接。此龙为福不寻常，区区富贵何足说，状元宰相及神童，还许蓬莱贤圣列。

　　此龙多是石山起祖，火木行宫，顿跌数十里，挺然直上，前面既不开堂，两边又无抽作。法当收后龙之贵，以采精英，去前砂之毒，以为官曜。于过脉停息之中，驾驭为穴。水虽流出，不回到前，依旧归囊入橐，妙处全在收四方之奇，揽八方之胜，乘危据险，居重驭轻。此地力量，非常人能遇。第一骑龙最高穴，形势奔腾水倾跌。势如猛将跨青骢，又如将军踏弩节。此龙气象最堪夸，别自神仙一作家。独立楼台高绝处，闲看红粉与烟花。水流直去数十里，左纽右纽皆库地。不是朝贫暮富人，有钱只裹腰包里。

穴　信

　　金以砂蒙，玉以璞固，地之美者，必多重以变异之形。穴之变者有二，曰奇怪，曰隐拙。奇怪者有余，隐拙者不足。有余者，虽不离窝钳乳突，然入首多出入常态之外，如骈胁之胸，独骨之臂，无窦之齿，虽怪而实奇也。不足者，亦有窝钳乳突，但入首成形，或此全而彼缺，左有而右无，如半开之英，方成之孕，形虽未完，气无不足，故拙而隐也。造物之力有限，其秘藏若有所私。圆机之士不世出，而目力有所未周。故穴之常者，十存其一；穴之变者，十存其九也。

认　脉

　　辨捉穴者，不辨其穴，只辨其脉。故奇怪隐拙之不可信，而脉为可信。论不止入首一节，凡出身降势抽动处皆是其象。如啄木之飞空，如生蛇之渡水，如梭中之抽丝，如蛛丝之坠缕。故陶公有言曰："但认蜂腰鹤膝，一任模糊不清。"故曰：有怪穴，无怪脉。此杨公以来授受之真传也。

结　穴

　　穴有内证外证，点穴须从此处讨真消息。有外证有余内证不足，有内证有余外证不足者，彼此出没，不能两全。化工如画工，丹青妙手，须是几处浓，几处淡，彼此掩映，方成佳景。山川融结，岂能处处尽著。精神真意，流注一点足矣。穴不虚立，必有所倚，而后立脉。可以断穴之有无，不可以定穴之住止。官鬼朝乐，穴之四灵。四灵隐现，穴情乃见。穴之隐应，如影随身。龙从龙，虎从虎。四面雷同，浑然中处。左右高低，与时消息。其于穴也，思过半矣。

辨　穴

　　看脉固是捷径，又要变通。看化出脉处，有炁无炁，以定生死。若是生脉，自然周遮。若是死脉，必定透漏。山无脉不行，何山无脉？只是生死二字。牧堂曰："四水交则有脉，八风动则无气。"有脉无气，脉从气散，有气无脉，脉从气生。烛非不明，临风则灭。卵非不雄，无暖不生。此可以通脉气、生死之说矣。要之，取穴之法，亦不外是。《立锥赋》云："无脉穴居贴脊。"夫横龙，无脉未尝无气；贴脊深处，气来而脉亦来此。盖得脉从气生之意者也。

穴　土

　　破土之诀有三：有浮土，有实土，有穴土。实土在浮土之下，穴土在实土之下。如珠在渊，如玉在石，造化孕精，自然融结。体段虽不离乎实土而实不同，何也？实土虽有其色而其文不现，虽有其文而其象不应，形色相符，表里相称，此穴土之所以为妙。《经》云"雌雄内结"者是也。开穴直须打到是处，又不可打尽是处。不得其土，不足以尽蕴藉之灵；尽其土而无余，亦足以损胞胎之气。其间浅深须参酌。外水以为伸缩，不可任意穿凿，有失轻重。打破炉底，其中体段有若太极图者；有土去一层又一层，如螺厣然者；有方若钱眼，中去实土而棺匣现成者；有棱角峭厉，如八卦方胜文者；有石里土外，卵壳包卵黄者；如石在土中，去其石而穴现者；有石皮蒙蔽真穴者；有石脉如干直入者；神煞相随，须穿田渡水，穴在泥水中者。至于玉石龟鱼，青空石髓，变异百出，莫非穴土之灵，应不足为怪。

化 气

金须火液，雪待日熔，化气之妙，术家所谓改神功，夺天命也。龙有龙之化气，穴有穴之化气。龙无化气无论矣，穴无化气，术家有作用之法以化之。如顽土无金，本不可下，若龙局俱真，又不可舍。葬法凭四应，所到从孕穴处打开，墓头大作圆堆，为土腹藏金之象。兜堂为偃月形，中涵水窝，为金来生水之象。土之顽者，受气已饱，而中藏其毒，广茔而深取，则炁行而毒化。土者金之母，土盛则必生金。生金者，情所必至也，故为金堆。金必生水，故为水窝。金堆者，从土气也。浮金无根，水安从出？复偃月以聚之，使金水相映以助浮扬之气，此作用元奥也。是故气顽者，因情以化其气。神寂者，因位以化其神。术至于化神，地理无余蕴矣。而万有皆生于无，万形俱属于幻。凡物不可作实看，若牵泥执著，又是呆子面前说梦。

情 性

据星点穴是矣。有离星出脉者，何以知之？据脉点穴是矣。有离脉出气者，何以知之？若此者，非常法所能拟议，须于无中看有，去处求留，散中求聚，游神于牝牡骊黄之外，是为得之，术家所以有道眼法眼之说也。又曰：水底必须道眼，石中贵得明师。岂其真有一道神光下烛九垓，若是之异于人哉！盖其仰视后龙之势，俯察入首之情，旁观从佐，遍览朝迎，知其势之所趋，情之所至，不于此而必于彼也。此古人神解之妙，有独行独见，不可以示人者。今人见其所见，不见其所不见，遂目古人所为，如神如鬼而莫之及，亦可一笑矣。

圆 通

　　夏虫不可语冰，曲士不可以与道者，以其拘也。这个地理，须如水上葫芦，转碌碌地方，可窥其涯际。彼狐兔不乳马，燕雀不生凤，此种类之常。而老枫化人，思妇化石，人化为虎，雀化为蛤，又何常？由种类而成。至龙以角听，蝉以翼鸣，鹳以视孕，鱼以沫传思，女不夫而孕，金藤不根而生，以至沈芦浮石、火布泣珠，如此变化，莫可端倪。故术家要通方不执则为通术，执则为方术。吾尝谓"董不如廖，廖不如杨"者，此也。

待 缘

　　天地人鼎立而为三。天有这些能，地有这些能，人亦这些能。三者力量，皆足以相当，未有天之所至而地或违之者，亦未有人之所为而天不从之者。可见地理之法，亦寰宇中匡扶大化，羽翼厄运所不可少。惜乎！机缘不偶，胜会难逢也。

品 级

　　圣贤之地，多土少石。仙佛之地，多石少土。圣贤之地，清奇秀雅。仙佛之地，清奇古怪。清秀者，不去土以为奇，不任石以为峭。祥如鸾凤，美若圭璋。重如鼎彝，古若图书。翰墨流香，富难敌国。清光太露，贵不当朝。道履端庄，名垂千古。慧多福少，庙食万年。清奇者，如寒梅瘦影，骨格仅在。野鹤羸形，神光独见。横如步剑，曲若之元。尖如万火烧丹，直如九天飞锡。岩空欲堕，峰缺疑倾。一尘不染，惟存江月之思。万劫皆空，不作风尘之客。清如带福，绮罗丛里播元风。应若逢空，清净门中持佛戒。龟蛇不出，终滞幽关。灵鹤不来，应难羽化。此造化启然之应也。

余 谭

看格最能长识。凡先圣扦立旧坟，不可不多览。作者固难，知者亦不易，须细心体认。当时龙何以取穴，何以裁水，何以收我。若遇此等龙穴，亦如此作用否，或前人迁立未工，我能摘疵取善，尤为精进。不能矮子观场，随人悲喜，亦无所得。

忞从虚则缓砌椁，悬棺四面皆虚，取其气不就其脉，则粗厉之气亦变为中和，此术家无边法力也。自悬棺之法不复，则震撼之势皆弃。术者须是自家精神，与天地相通。然后可叱咤鬼神，转旋造化。一有邪淫，天地鬼神不为我用。

地理之学，如出重关，一步紧一步。寻龙是有无关，点穴是得失关，作用是生死关。一关不透，终落空亡。点窝钳乳突易，点尖直平阔难，尖直易于犯煞，平阔易于失气。五行变化，只是这些生机。穴中点用，亦只是这些生意。所谓金寻泡，木寻芽，水详曲路，土取角襟之类，皆以生意为言。若顽金无水，重土无金，强木无火，此等皆无生意。然术家又有接命之法，法用开金取水，插术生芽。顽金虽无水，然金为水母，其中已涵水气。枯木无火，然钻之而能然者，气先具也。知此无不可取之气，无不可化之煞。不明图书，不知象数，不识躔度，不谙推步，不知命何以起运，不知卦何以推爻。谚曰："为人莫学半阴阳。"警戒之意深矣。

点 穴

点穴无他法，只是取得气出，收得气来，便是妙手。若悟得时，横裁直剪，直裁横剪，自是明眼。若仿效比拟，依样画葫芦，何时是了。

龙气轩昂，其势难降，多成奇怪。龙势悠长，其势敛藏，多成隐拙。

惟正龙有此，若小枝力量轻微，奇怪恐为附赘悬疣，隐拙恐为形衰气弱，不可不审。

水法不一，大略分上中下三局。收裁合四大垣局。六秀卦气者，上局也。六秀中得一秀，阴阳和合生旺顺序者，中局也。若无卦气可收，又无吉秀可择，只取阴阳，不杂一山一水，亦作家计者，下局也。三局各因形势大小而取，如势微力弱，纵六秀呈祥，三奇竞巧，而体之不立，用将安施，加减乘除，随机而动，是为水法。水法本于河洛，河洛为千古理气之源，万化从此而出，万化从此而立，不可不潜心理会。历观诸经，可谓漏泄太过。自是学者不得入头处，如蚊子咬饿牛，非经之罪也。

山川之形，不外方圆曲直。山川之势，不外远近高低。山川之体，不外水泉土石。山川之变，不外阖辟往来。山川之情，不外生克制化。探其赜，虽万变莫穷，握其机，殆一笑可破。古人千言万语，皆为未悟者设法。若从头脑上见得，即所称方便，法亦属赘辞。卜子言卦例之非，亦是为偏执罗经者立论耳。今之论地者，不顾龙穴之有无，辄以罗经排格某龙某穴，必定某向，某向要合某水，合则是，否则非，如此则三尺童子亦可按图为之。不知造化无全功，譬如吾人之生，五星偏枯，古人用之以改神功夺天命者在此；今人用之以至覆绝败亡者亦在此，不可不辨。

术之所得者浅，精之所入者深。凡学到至处，皆不可杂以俗务。学者必须谢去尘劳，奇迹名山，凭凌风景，笑傲烟霞。静观身世之浮沉，默察阴阳之变化。如此则法从道转，神逐机流，微妙元通，不可思议。区区形迹，夫复何言。

日月飞流，星辰错落，雷霆震惊，而人不以为怪者，习于见也。奇形异格，平素不曾经历，一旦见之，鲜不疑惧。龙有龙格，穴有穴格。龙格者，如金牛转车，飞燕带游丝之类。穴格者，如天清穴骑龙斩关，仰高凭高之类。他如天完地缩，天脆天潜种种等格，皆不可不觅，以资见闻。而世不知星焉知格，不知格焉知龙，不知龙焉知穴。造诣之后，先眼力之浅深，实取验于此。学者先从龙穴以探其机，后从诸家以核其博，斯可谓天下之全术矣。

昔有僧，看《西厢》，官人见而呵之曰："你若晓得一部《西厢》重在那一句，我便饶你。"僧对曰："只重在'临去秋波那一转'一句。"此言深中肯綮。地理千言万语，门例虽多，有情无情，亦难辨认。有身在千里，思忆不忘而有情者；有连袂同床，面合心离而无情者。山川性情，大率相似。人能透得此关，方不被他瞒过。

附道法双谭叙

祖道之说者，往往是主宰而以法为幻。其弊卒成理障，而摇于祸福成败之数。祖法之说者，往往神作用而以道为迂，其弊至欲以人力夺天工而适戕山川之真性情。其偏而用之者过也，由斯以谈，地理之难有六：不可无资，不可无目，不可无师，不可无考验，不可不圆通，不可不合法。谙此数者，而后论大成。否则纵有所得，终臆说也。

堪輿珠璣

堪舆名流列传

秦

樗里子

按《史记·樗里子传》：樗里子名疾，秦惠王之弟也。滑稽多智。秦人号曰智囊。及武王之立以为相。樗里子疾室在于昭王庙西，渭南阴乡樗里，故俗谓之樗里子。昭王七年卒。葬渭南章台之东。曰：后百岁当有天子之宫夹我墓。至汉兴，长乐宫在其东，未央宫在其西，武库正直其墓。秦人谚曰：力则任鄙，智则樗里。

按《地理正宗》：秦樗里子。①

朱仙桃

按《地理正宗》：朱仙桃作《搜山记》。②

汉

青乌先生

按《地理正宗》：青乌先生作《葬经》。③

---

① 正派。
② 正派。
③ 正派。

晋

郭璞

按《地理正宗》：郭璞字景纯，著《葬书》、《锦囊经》。①

陶侃

按《地理正宗》：陶侃字仕衡，作《捉脉赋》。②

韩友

按《江南通志》：友字景先，舒人也。为书生，受《易》于会稽伍振，能图宅相冢。

隋

萧吉

按《隋书·萧吉传》：吉字文休，梁武帝兄，长沙宣武王懿之孙也。博学多通，尤精阴阳算术。江陵陷，遂归于周，为仪同。宣帝时，吉以朝政日乱，上书切谏，帝不纳。及隋受禅，进上仪同。以本官太常考定古今阴阳书。及献皇后崩，上令吉卜择葬所。吉历筮山原，至一处云：卜年二千，卜世二百，具图而奏之。上曰：吉凶由人，不在于地。高纬父葬，岂不卜乎？国寻灭亡，正如我家墓田。若云不吉，朕不当为天子；若云不凶，我弟不当战没。然竟从吉言。吉表曰：去月十六日，皇后山陵西北。鸡未鸣，前有黑云，方圆五六百步，从地属天，东南又有旌旗、车马、帐幕、布满七八里，并有人往来，检校部伍甚整。日出乃灭。同见者十余人。谨按葬书云：气王与姓相生，大吉。今黑气当冬，王与姓相生，是大

---

① 正派。
② 正派。

吉利。子孙无疆之候也。上大悦。其后上将亲临发殡，吉复奏上曰：至尊本命辛酉，今岁斗魁及天冈临卯酉，谨按阳阳书，不得临丧。上不纳。退而告族人萧平仲曰：皇太子遣宇文左率深谢余云：公前称我当为太子，竟有其验，终不忘也。今卜山陵，务令我早立。我立之后，当以富贵相报。吾记之曰。后四载太子御天下，今山陵气应，上又临丧，兆益见矣。且太子得政，隋其亡乎。当有真人出治之矣。吾前给云卜年二千者，是三十字也。卜世二百者，取三十二运也。吾言信矣。汝其志之。及炀帝嗣位，拜太府少卿，加位开府。尝行经华阴，见杨素家上有白气属天密，言于帝。帝问其故，吉曰；其候素家当有兵祸灭门之象，改葬者庶可免乎。帝后从容谓杨元感曰：公家宜早改葬，元感亦微知其故，以为吉祥。托以辽东未灭，不遑私门之事。未几而元感以反族灭。帝弥信之。后岁余卒官著《金海》三十卷。《相经要录》一卷。《宅经》八卷。《葬经》六卷。《乐谱》十二卷。及《帝王养生方》二卷。《相手版要决》一卷。《太乙立成》一卷。并行于世时有杨伯丑、临孝恭、刘祐、俱以阴阳术数知名。

舒绰

按《浙江通志》：舒绰，东阳人。宰相杨恭仁欲迁葬，会阴阳家五六辈，皆海内知名。恭仁未之决，遣人驰往取葬地四隅土各一斗，方面形势，悉书于历，密缄之。恭仁出土示众言：人人殊独，绰定一土，泚笔识之。与恭仁所书之历，无毫发差。绰曰：此土五尺外有五谷，得其一即是福地，世为公侯。恭仁延绰至其处，掘地七尺，得一穴如五石瓮，贮粟七八斗。是地昔为粟田，蚁啄之入穴，故然。时以绰为圣。

唐

李淳风

按《地理正宗》：李淳风作《阴阳正要》。[①]

---

① 正派。

张燕公

按《地理正宗》：张燕公注《葬书》。①

一行禅师

按《地理正宗》：一行禅师。②

司马头陀

按《地理正宗》：司马头陀作水法。③

按《江西通志》：司马头陀习堪舆家言，历览洪都诸山，钤地一百七十余处，迄今犹验。一日至奉新参，百丈曰：近于湖南得一山，乃一千五百善知识所居。百丈曰：老僧可住否？曰：不可。和尚骨相彼骨山也。时华林觉为首座，询之不许。一见典坐，灵佑曰：此为山主人也。后往住山，连帅李景让率众建梵宇，请于朝，赐号同庆寺。天下禅学，辐辏焉。竟如其言。

刘白头

按《地理正宗》：刘白头作《海底眼》。④

浮屠泓

按《地理正宗》：泓师，答明皇风水之问者。⑤

按《湖广通志》：浮屠泓，黄州人。武后时尝为张说市宅，戒无穿东北隅地。他日见曰：宅气索然云何？与说共视东北隅，有三坎。泓惊曰：公富贵一世而已。诸子将不终。说惧，将修之。泓曰：容土无气，与地脉不连。譬身疮痏，补他肉无益也。后说子皆污贼斥死云。

---

① 正派。
② 正派。
③ 旁传。
④ 旁传。
⑤ 旁传。

陈亚和

按《地理正宗》：陈亚和作《拨沙经》。①

杨筠松

按《地理正宗》：杨筠松字叔茂，窦州人。寓江西，号救贫先生。作《疑龙经》、《撼龙经》、《立锥赋》、《黑囊经》、《三十六龙》等书。②

按《江西通志》：筠松，窦州人，僖宗朝国师，官至金紫光禄大夫。掌灵台地理事。黄巢破京城，乃断发入昆仑山步龙。一过虔州，以地理术行于世，称救贫仙人是也。卒于虔。葬雩中药口。

曾文遄

按《地理正宗》：曾文遄，宁都人，杨公高弟，作《阴阳问答》、《寻龙记》。③

范越凤

按《地理正宗》：范越凤，字可仪，号洞微山人，缙云人杨公高弟，作《寻龙入式歌》。④

厉伯绍

按《地理正宗》：厉伯绍，宁都人，杨公高弟。⑤

刘淼

按《地理正宗》：刘淼字子先，杨公高弟。传《倒杖法》。⑥

---

① 旁传。
② 祖师。
③ 旁传。
④ 旁传。
⑤ 旁传。
⑥ 旁传。

叶七

按《地理正宗》：叶七，杨公带行人。①

邵庭监

按《地理正宗》：邵庭监，杨公高弟。②

赖文俊

按《地理正宗》：赖文俊，宁都人，曾文㵦婿。世称布衣。③

曾十七

按《地理正宗》：曾十七，师曾文㵦。④

苏粹明

按《地理正宗》：苏粹明，号灵一，师范越凤。⑤

丘延翰

按《地理正宗》：丘延翰师范越凤。⑥

按《山西通志》：丘延翰，闻喜人。永徽时有文名。游太山于行室中，遇神人授玉经。即海角经也。洞晓阴阳，依法扦择。罔有不吉。开元中为县人卜葬地，理气交见。太史奏曰：河东闻喜有天子气，朝廷忌之。使断所扦山，诏捕之，大索弗获。诏原其罪，诣阙，陈阴阳之说，以天机等书进呈，秘以金函玉篆，号八字天机。拜亚大夫之官，祀三仙祠。⑦

---

① 旁传。
② 旁传。
③ 三传。
④ 旁传。
⑤ 旁传。
⑥ 旁传。
⑦ 按《地理正宗》：延翰师越凤，凤乃杨公高弟，杨乃僖宗时人，而《通志》以延翰为高宗时人，未知《正宗》何据，姑依原本次之。

方十九

按《地理正宗》：方十九，师范越凤。①

张五郎

按《地理正宗》：张五郎，师范越凤。②

丁珏

按《地理正宗》：丁珏。③

濮都监

按《地理正宗》：濮都监名应天，字则巍，号昆仑子。世居赣，荐太史不就。为黄冠师作雪心赋。④

刘雍

按《地理正宗》：刘雍，宁都人，师赖文俊。⑤

廖禹

按《地理正宗》：廖禹字尧纯，或云字万邦，宁都人。隐金精山。世称金精山人。作穴法及鳌极金精。⑥

孙世南

按《地理正宗》：孙世南，宁都人。廖禹婿。⑦

---

① 旁传。
② 旁传。
③ 四传。
④ 五传。按《江西通志》作卜则巍。
⑤ 旁传。
⑥ 六传。按《江西通志》又作宋时人。是一是二，未知孰是。
⑦ 七传。

李五牙

按《地理正宗》：李五牙，廖禹负笈人。①

王应元

按《地理正宗》：王应元，师廖禹。②

赖白须

按《地理正宗》：赖白须，宁都人。③

李鸦鹊

按《地理正宗》：李鸦鹊，宁都人。④

锺可朝

按《地理正宗》：锺可朝，宁都人。⑤

曾道立

按《地理正宗》：曾道立，南丰人。师孙世南。⑥

李普照

按《地理正宗》：李普照，师刘雍。⑦

谢玠

按《地理正宗》：谢玠师王应元，或云濮都监弟子。⑧

---

① 旁传。
② 旁传。
③ 八传。
④ 九传。
⑤ 十传。
⑥ 旁传。
⑦ 旁传。
⑧ 旁传。

宋

唐九仙

按《地理正宗》：唐九仙，会昌人。①

陈希夷

按《地理正宗》：陈希夷名抟，号图南。②

胡矮仙

按《地理正宗》：胡矮仙，作《三十六穴图》、《至宝经》。③

张子微

按《地理正宗》：张子微作《玉髓经》。④

谢子逸

按《地理正宗》：谢子逸作《三宝经》。⑤

蔡神与

按《地理正宗》：蔡神与，号牧堂。著《发微论》。⑥

刘七碗

按《地理正宗》：刘七碗，会昌人，号江东。⑦

---

① 十一传。
② 旁传。
③ 十二传。
④ 旁传。
⑤ 旁传。
⑥ 旁传。
⑦ 十三传。

郑彦渊

按《地理正宗》：郑彦渊，金华人。①

刘子猷

按《地理正宗》：刘猷子，赣县人。②

丁应之

按《地理正宗》：丁应之，宁都人，师胡矮仙。

丘公亮

按《地理正宗》：丘公亮字明之。南丰人，师胡矮仙。

刘景清

按《地理正宗》：刘景清，兴国人。③

刘应宝

按《地理正宗》：刘应宝，兴国人。④

茀子骧

按《地理正宗》：茀子骧，师刘七碗。⑤

王禄道

按《地理正宗》：王禄道。师刘七碗。⑥

---

① 旁传。
② 旁传。
③ 十四传。
④ 十五传。
⑤ 旁传。
⑥ 旁传。

建心仙翁

按《地理正宗》：建心仙翁，师刘七碗。

刘元正

按《地理正宗》：刘元正，云都人。①

刘景明

按《地理正宗》：刘景明，兴国人。②

刘谦

按《地理正宗》：刘谦字唐卿，作《囊金最宝经》，上牢人。③

刘种桃

按《地理正宗》：刘种桃，云都人，师刘元正。

刘见道

按《地理正宗》：刘见道，名渊则，字叔云。云都人，作《乘生秘宝经》。④

谢和卿

按《地理正宗》：谢和卿字玨斋，号玉元子。与刘见道同时，作神宝、天宝二经。⑤

---

① 十六传。
② 十七传。
③ 旁传。
④ 十八传。
⑤ 旁传。

刘云山

按《地理正宗》：刘云山，上牢人。①

刘云峰

按《地理正宗》：刘云峰，云山弟。②

刘二郎

按《地理正宗》：刘二郎，师王禄道。

刘子仙

按《地理正宗》：刘子仙，云都人。师王禄道。③

吴景鸾

按《地理正宗》：吴景鸾，师王禄道。④

按《江西通志》：吴景鸾字仲祥，德兴人。汉长沙王芮裔孙。祖法旺志天文地理之学，闻华山陈抟洞彻秘奥，遣子克诚往师事之。得其肯綮。一日，抟命之归，曰汝子仙才能绍业。尽以《青囊书》授克诚。克诚子即景鸾也。聪慧过人，得其书，精究有验。庆历辛巳，诏选阴阳者。郡学举景鸾至京，入对称旨，授司天监正。未几，因论牛头山山陵章奏过直，有坤风侧射，厄当国母。离宫坎水直流，祸应至尊下殿之语。上不悦，下狱。寻以帝晏驾遇赦。后徽钦二圣北狩，卒如其言。又进中余图不报，知时不可。遂佯狂髡发，修真于天门西岸，白云山洞。常往来饶信二州，数处同日皆有景鸾迹。治平初，一日忽以遗书付其女，沐浴更衣，端坐而逝。所著有《理气心印》、《吴公解义》。

---

① 十九传。
② 旁传。
③ 旁传。
④ 旁传。

宋花师

按《地理正宗》：宋花师，师王禄道。①

刘勾力

按《地理正宗》：刘勾力，师王禄道。②

萧才清

按《地理正宗》：萧才清，云都人，师刘谦。③

廖信甫

按《地理正宗》：廖信甫，吉州人，师刘种桃。④

李蓬洲

按《地理正宗》：李蓬洲，师谢和卿。⑤

刘云岫

按《地理正宗》：刘云岫。⑥

孙伯刚

按《地理正宗》：孙伯刚名毅臣，号讷斋，兼得诸刘之秘，官院判，宁都人。⑦

---

① 旁传。
② 旁传。
③ 旁传。
④ 旁传。
⑤ 旁传。
⑥ 旁传。
⑦ 二十传。

刘潜

按《江西通志》：潜，南康籍，哲宗时人。上世为司马头陀，著有《地理诸说》行世。永乐二年，得其书于佛像中，见《地理纂要》。

傅伯通

按《江西通志》：伯通，德兴人，与邹仲容同师廖金精。金精之学，得之吴景鸾。宋南迁，伯通拜诏，往相临安。表略曰：顾此三吴之会，实为百粤之冲。钱氏以之开数世之基，郭璞占之有兴王之运。天目双峰，屹立乎斗牛之上，海门一点，横当乎翼轸之间。又云：文曲多山，俗尚虚浮而诈。少微积水，土无实行而贪。虽云自昔称雄，实乃形局两弱，只宜为一方之巨镇，不可作百祀之京畿。驻跸仅足偏安，建都难奄九有。表上，乃升杭州为临安府，而称行在。宋室竟以偏安。

邹宽

按《江西通志》：宽，字仲容，与傅伯通同师廖金精。得其肯綮。为汪伯彦卜地葬亲，乃借堪舆家论贻书以动之。末云：方今幽燕未归版籍，朝廷有意恢弘，倘值此时扬师振旅，当勿计名位高卑，昌言于朝，奋力请进，必立希世功名。若参之他见，微有更改妄触，一机百关俱废。汪是其言而不能用，丁未拜相，邹术果奇，而书中之议，竟托空言。

徐仁旺

按《广信府志》：仁旺，本府白云山人。尝表奏与丁晋公，议迁定陵寝事。仁旺欲用牛头山前地，晋公定用山后地，争之不可。仁旺乞禁，系大理，以俟三岁之验，卒不能回。仁旺表有言：山后地之害，云坤水长流灾在丙午岁内，丁风直射，祸当丁未年中。闻者初未以为然，至金人犯边，果在丙午年，而丁未以后诸郡焚如之祸，相仍不绝。东南州郡，半为盗区，其言无不验者。

王伋

按《处州府志》：伋，字肇卿，一字孔彰，其先汴人。祖讷，因议王朴金鸡历有差，众排之，贬居江西赣州。伋幼务举业，再举不利。因弃家浪游江湖，爱龙泉山水，遂家于松源。明管郭地理之学，纳交于何管鲍张诸家，为之卜葬。随有何太宰、管枢密、鲍制置、张谏议者出。卒后门人叶叔亮传其所著心经，及问答语录。范公纯仁跋之，略曰：先生通经博物，无愧古人，异乎太史，公所谓阴阳家者矣。

胡舜申

按《苏州府志》：舜申，绍兴间自绩溪徙于吴。通风土阴阳之术，世所传江西地理新法，出于舜申。尝以术行四郭而相之，以为蛇门不当塞。作《吴门忠告》一篇。

孙晤

按《闻奇录》：孙晤，家于七里濑，善于葬法，得青乌子之术，尤妙相坟。即知其家贵贱贫富，官禄人口数，亦知穴中男女老少因某病而卒。兼精于三命，时杨集统师收复睦州，至一岩下寨，军次，忽一大石盘陡下，杨占之曰："此岩上有二十五人。"点兵收之，获居民二十人还。杨曰："合有二十五人，何欠五人也？"问于民，曰：某等初闻大将军至，遂与二十五人回避于斯内，一人孙晤善卜，到时立草舍毕，有双雉飞下关。孙云：军至此也，宜往别处，不然遭擒掠。某等不顺其言。有诚信者四人，相随去矣。杨令人捕之不获，意甚不快。曰：得此人可师事之，新定平后，复在彼渔。

达僧

按《吉安府志》：达僧姓刘氏，居安福下村水南院。师司马头陀，善地理之术，所著有《撼龙经》、《天元一炁》诸书。世有传之者。

铎长老

按《江西通志》：长老，宋元间以形家术周流郡中，谈祸福若符契，常为南昌刘长者相地葬其夫。妇观者殊易之。久之，长者孕，日繁昌，衣冠济济。又为丰城湖茫李姓卜兆，初启土时，铎辄辞去，且戒之曰："吾返寺，鸣钟始可窆棺。"未至，偶他寺鸣钟，遂窆棺，则铎震死于途矣。李之族自后始大。明初，则南昌刘子南，新建赵子方，丰城何野云，亦其亚也。

元

梁饶

按《江西通志》：饶，德兴人，元季时精堪舆术。一日过乐平大汾潭遇雪，时岁暮，渡者李翁止宿，饮至酣，大呼曰："世上何人能识我！今日时师，后代仙翁。"为恳求吉地，梁即指示穴处，嘱曰：贵从武功来。祸后福始。应葬数年。李以罪戍定远，产黔宁王英，明太祖育之军中，赐以国姓，复赐姓沐，追封其三代，皆为王。

明

张宗

按《池州府志》：张宗，汉天师张道陵之后也。精《青囊》之术。明初，避陈友谅乱，改名隐于青阳。洪武己未应召观行。师山川形势，贵池葬地经。卜其宅者，多留谶焉。

幕讲僧

按《浙江通志》：幕讲僧，不知何许人。明初来鄞。善堪舆术，无不奇验。邑中大家宦族先世坟墓，未有不出其手。以故久而益神，所著书绝无刊本。厥后行堪舆者，托言幕讲僧秘传，遂足炫动一世。不知其实已不传矣。卒以流寓死于鄞。

按《宁波府志》：目讲僧，不知何许人。隐其姓字，或云元进士，晦迹于僧。或云尝为陈友谅参谋，兵败逃为僧。明初来鄞，善堪舆术。为人卜葬，无不奇验。尝曰吾当以目讲天下，故皆称为目讲云。卒死于鄞。凡邑中大家官族其先世坟墓，未有不出其手。以故久而益神，其所著书绝无刊本，多为后人伪托，世鲜有得其传者。

非幻和尚

按《衢州府志》：非幻和尚，宝陀庵住僧。谙儒书，精地理。尝应召相地天寿山，锡以金紫。永乐十八年，遣使者祭其墓，赠五官灵台郎僧录司右阐教。

周仲高

按《苏州府志》：明周仲高精天文地理之学，足迹半天下。善征休咎。时方承平，自钱塘来昆山，曰：天下兵且起，吾卜地莫如娄江善。遂居焉。已而钱塘毁于兵，昆果无恙。洪武初，郡邑建署，及神宇宅相方，定位卜日选辰，皆出其手。县令呼文瞻，为画像赞之。

刘用寅

按《金谿县志》：用寅，麻沙人，祖翱以阴骘闻，后入明朝。永乐为刻阴骘书。族多显人，在宋谥忠者五，谥文四。按朱晦庵叙氏族称用寅以进士，令金谿，修祖翱之德，多惠政而善相地脉。金谿有晁氏九经堂遗址，庞秀可居，用寅欲留家焉。会病笃，命子买居之，寻卒，其子遂以用寅葬其右。初，用寅语子曰：卜居此址，将来福泽绵长。但异日倘有令索此址，宜亟还之，而邑东北鹧鸪山下曰戴坊巷者，其地没于官，亦旺地。可易而居也。后王衡仲令金谿，果欲迁学宫于晁氏九经堂址，用寅墓相去百步，以故令不得徙。用寅子即还址于官，而请所为戴坊巷者，衡仲许而易之，刘氏世家焉。今用寅十七世孙启元登进士任刑部员外，十八世孙先春登进士，由翰林升太常寺卿，若子明允铨翼泰廷实章彝，俱领乡荐，先后贡举者五人，他途入仕者十余人，为金谿著姓，皆用寅惠政之报云。

渠仲宁

按《兖州府志》：仲宁，明滕县人，遇异人授相地术，多奇中。成祖幸南京，驻跸于滕，召见试之，用量天尺度地之物。指一处言下若干尺，有石如虎之状，发之果然。

杨宗敏

按《绍兴府志》：宗敏，新昌人，永乐间有异僧扣门，父馆谷之，因授宗敏堪舆术。已，遂得神解，登山隔十里许即知作穴作向，及倒杖不爽毫厘，人称为杨地仙。

廖均卿

按《江西通志》：均卿，瑀之裔，成祖卜寿陵，久不得吉壤。永乐七年，仁孝皇后未葬，礼部尚书赵羾引均卿至昌平县，得县东黄土山最吉，车驾即日临视，定议封为天寿山，命武义伯王通等董役，授均卿官。

游朝宗

按《江南通志》：朝宗，婺源人。地理独精。永乐卜建天寿山，朝宗尤见褒赏。

许国泰

按《江南通志》：国泰字亨之，巢县人，精堪舆，兼饶谋略。四川土官杨应龙反，泰从六安总兵王芬征之，为参谋，屡有奇捷。后归里研精诗学，到处题咏，晚游楚，不知所终。

裴士杰

按《江南通志》：士杰通儒书，习阴阳之术。永乐初，征天下硕儒纂修古今大典，阴阳家预焉，士杰应召。

徐拱

按《衢州府志》：拱精于地理，与卜金陵，授钦天监博士。寻升监正。

卜梦龙

按《湖广通志》：梦龙，芷水人，善地理，人家迁移坟墓，必请之，不受谢。

杨院使者

按《金谿县志》：杨院使者，开谿术士也。精堪舆，谿形肖凤，犯者必灾。使者曰："苟为谿奠万世之基，吾何惜焉。"其徒十人于经，始日分遣往南北俱不获免，遂并祀于谿，世崇不朽云。

吴仲宽

按《池州府志》：仲宽，江西人，治形家，言以宣正时来游贵池，为人卜壤，留谶如神。

骆用卿

按《浙江通志》：用卿，余姚人。正德三年进士，历官兵部员外郎。致仕。嘉靖中建初陵，大学士张孚敬，尚书汪鋐荐用卿精于相地理，上命择地，具图说以进，即永陵是也。然用卿尝叹曰：天生骆某，乃以地师终也。

按《绍兴府志》：用卿，余姚人。积学不第，以经术授徒他郡。族故有成籍在关中，适征檄至，应代者不欲往，侦用卿，解馆归未至，家贿来卒，仓猝以用卿行。至彼，以卫学生中陕西乡试，正德三年进士，历官兵部员外郎。致仕。侨居通州，精堪舆术，嘉靖中建初陵，大学士张孚敬与尚书汪鋐交荐之择地，于十八道具图说以进，遂用之，即永陵是也。用卿卒于通州。

曾易明

按《金谿县志》：曾易明，金谿人。景泰中遇异僧，授以堪舆家术。为人卜地，衰旺兴废，辄先处其年月日时，言多奇中。易明亦自重其术，或以贵势招之，辄拂衣不顾，不娶妻，无子，渐能辟谷，不知所终。

谷宗纲

按《温州府志》：宗纲，永嘉人，字以张，精青乌家言以及天文谶纬诸学，考验精晰，耻以术鸣，托情诗酒，终身守缝掖不弃，有诗文若干卷。时论称之。

陈后

按《图绘宝鉴》：后，字启先，号寓斋，复弟也。尤精堪舆之学。用荐任钦天监博士。子汉继其业焉。

徐善继

按《江西通志》：善继，德兴人。初补邑庠生，以亲丧未厝，遂与弟善述究心堪舆之学，因得国师吴景鸾遗书于天门白云洞，遂深明其奥旨，示阴阳休咎辄应，驰声于闽越间。迁县治，易学基，士大夫莫不钦其慧识焉，所著有《人子须知》，徐贞公序其书以惠世。

汪朝邦

按《婺源县志》：朝邦字用宾，段莘人。有笃行，业儒不售，弃而攻医，尤精形家言，得龙尾岭吉穴葬亲，自谓扦后当有显者。越一纪，孙尚谊生。曰：此子异日应三品秩，但惜算促耳，后谊成进士，累官至大观察，方向用以卒其言，果应。

江仲京

按《婺源县志》：仲京字林泉，旃源人。得异授堪舆之学，卜地葬祖，先嘱佣者曰：下当有灵物，见时即止锄。忽倦极思睡。锄果及水，有双金鱼飞去，亟醒京。京踏罡持剑诀招之，金鱼复飞入，遂封圹。后孙一桂举孝廉，建立奇绩，女嫁余文庄公，亦贵极一时。皆地脉所锺也。与兄抱日，东白，时称为婺东三仙。

江本立

按《婺源县志》：本立字道生，旃源人。能世堪舆之学，孙江凤字羽皇，亦精其业。

奚月川

按《太平府志》：月川，望仙人。善堪舆，本乡及桂城诸里阴阳二宅，皆其所定。迄今族大人稠，科第蝉联。人推为吴宽、张宗道之亚。

周诏

按《广信府志》：诏字天章，上饶人。为人俊雅，出尘轻财好义。尝于江湖中遇异人，授以地理指掌图，尽得山川源委脉络之详，以是邃于地理。四方诸名公卜宅者，率倚任之。蔡虚斋先生称其谈论符经，义脱世味，有近道之资，欲论荐之未果，因为作赞序以见意。

李邦祥

按《婺源县志》：邦祥字和征，李坑人，天资颖悟，博贯青囊星学，尤得阳宅真传，卜筑应验如响，士大夫多信服宾敬之。

李景溪

按《婺源县志》。景溪，李坑人，赋性灵异，精通易学、阳宅、星日诸家，凡修造选择捷应，人咸以神奇称焉。有《阳宅秘诀》、《雷霆心法》行于世。

洪善祖

按《歙县志》：善祖字伯达，桂林人。生不能言，忽遘方士，出飘砂饲之，归遂能言，家人相庆。嗣是精青乌术，博极群书，得吉地自营，兆域逾二十年将殁先。一日召诸昆弟谓明发将有所之，至期逝。初方士遘祖时，期二十年当再遘，果如期至，若与偕去，人以为仙云。

徐懋荣

按《苏州府志》：懋荣，字野云，武功伯有贞四世孙，性颖悟，总角即能文，因相具五偏，人鄙其貌，遂弃举子业，发先世所遗青乌家书读之，未甚省。家有真武像，相传为马远笔，虔事有年。一夕梦神挥剑，去懋荣头而更易之。既觉，揽镜自鉴，则头容已正。一时惊为异事。适遇黄冠，桑既白，自江右至，一见如旧识，因所读书相与剖析疑义，遂精堪舆。为张凤翼、周天球、文彭、文嘉辈所推重，晚年与诸君倡酬为乐，万历乙巳年七十一卒。子太衍传其术，季子永镇，克世其业，著《堪舆汇纂》八卷，卒年七十一。

毕宗义

按《河南府志》：宗义，中丞亨少子，尝留心术数之学，缘省父遇新营葬者，周回视之，叹曰："此地甚凶，虑葬后祸缠绵矣。"主人闻而追留之，且召原地师与相质。地师曰："此地卧牛形，来山去水，无不合局，公何云凶？"曰："地形诚如所言，但牡牛无如其性好觚触何？"问："以何为验？"曰："去穴若干尺，向下三尺许，应有异物，去此则无事矣。"如其言挖之，果得二石卵，皆大如升，众始叹服。

堪舆纪事

《后汉书·郭镇传》：顺帝时，廷尉河南吴雄季高，以明法律，断狱平，起自孤宦，致位司徒，雄少时家贫丧母，营人所不封土者，择葬其中，丧事趋办，不问时日，医巫皆言当族灭，而雄不顾，及子诉孙恭，三世廷尉，为法名家。初肃宗时，司隶校尉下邳赵兴亦不恤讳忌，每入官舍，辄更缮修馆宇，移穿改筑，故犯妖禁，而家人爵禄益用丰炽，官至颍川太守。子峻太傅，以才器称，孙安世鲁相三叶，皆为司隶，时称其盛。桓帝时，汝南有陈伯敬者，行必矩步，坐必端膝，呵叱狗马，终不言死。目有所见，不食其肉，行路闻凶，便解驾留止，还触归忌，则寄宿乡亭，年老寝滞，不过举孝廉，后坐女婿亡吏，太守邵夔怒而杀之。时人罔忌禁者，多谈为证焉。

《袁安传》：初，安父没，母使安访求葬地。道逢三书生，问安何之。安为言其故，生乃指一处云："葬此地当世为上公。"须臾不见。安异之，于是遂葬其所占之地，故累世隆盛焉。

《魏志·管辂传》：辂随军西行，过毋丘俭墓下，倚树哀吟，精神不乐，人问其故，辂曰："林木虽茂，无形可久。碑诔虽美，无后可守。元武藏头，苍龙无足，白虎衔尸，朱雀悲哭。四危以备，法当灭族。"不过二载，其应至矣，卒如其言。

《晋书·徐邈传》：邈达于从政，论精议密，当时多咨禀之。触类辨释，问则有对。旧疑岁辰在卯，此宅之左，则彼宅之右，何得俱忌于东。邈以为太岁之属，自是游神，譬如日出之时向东，皆逆非为藏体地中也。

《郭璞传》：璞以母忧，去职卜葬地于暨阳，去水百步许，人以近水为言，璞曰：当即为陆矣。其后沙涨，去墓数十里皆为桑田。

璞尝为人葬，帝微服往观之。因问主人何以葬龙角，此法当灭族。主人曰："郭璞云：此葬龙耳。不出三年，当致天子也。"帝曰："出天子耶？"答曰："能致天子问耳。"帝甚异之。

《周访传》：初，陶侃微时，丁艰。将葬，家中忽失牛，而不知所在。

过一老父,谓曰:"前冈见一牛,眠山污中,其地若葬位,极人臣矣。"又指一山云:"此亦其次,当世出二千石。"言讫不见。侃寻牛得之,因葬其处,以所指别山与访,访父死葬焉。果为刺史,著称宁益。自访以下三世,为益州四十一年,如其所言云。

《羊祜传》:有善相墓者,言祜祖墓所有帝王气,若凿之则无。后祜遂凿之,相者见曰:犹出折臂三公,而祜竟堕马折臂,位至三公而无子。

《陈书·吴明彻传》:明彻字通昭,秦郡人也。祖景安,齐南谯太守,父树梁,右军将军。明彻幼孤,性至孝。年十四,感坟茔未备,家贫,无以取给,乃勤力耕种。时天下亢旱,苗稼焦枯,明彻哀愤,每之田中号泣,仰天自诉。居数日,有自田还者云,苗已更生。明彻疑之,谓为绐己。及往田所,竟如其言。秋而大获,足充葬用。时有伊氏者善占墓,谓其兄曰:"君葬之日,必有乘白马逐鹿者,来经坟所,此是最小孝子大贵之征。"至时,果有此应。明彻即树之最小子也。起家梁东宫,直封安吴县侯,进爵南平郡公。

《唐书·温大雅传》:大雅转礼部,封黎国公。改葬其祖,卜人占其地曰:"弟则吉,不利于君,若何?"大雅曰:"如子言,我含笑入地矣。"岁余卒。

《刘从谏传》:从谏从子稹,从谏以为嗣。从谏死,大将郭谊与王协议图稹,使董可武诱稹至北第,置酒饮酣,即斩首,悉取从谏子在襁褓者二十余,并从子稹匡周等杀之。诛张谷、张沿、陈扬庭、李仲京、王渥、王羽、韩茂章、茂寔、贾庠、郭台、甄戈十一族,夷之军中,素不附者皆杀。函稹首送王宰,献京师,告庙社,帝御兴安门受之。刘公直亦降于宰。石雄以兵守境,军大掠,谊移书责之。雄衔怒稹之死谊,斥从谏妻,伏夹室收其资私于己,建大厩,日望旌节。宰相德裕建言,稹庸下乱由谊始,及军穷蹙,乃图稹邀荣,不诛无以惩奸臣。及兵在境,宜悉取逆党送京师论如法,先是有狂人呼于潞市,曰石雄七千人至矣。从谏捕诛之。乃请诏雄率兵如数以入,雄至潞,缚谊及王协、刘公直、安全庆、李道德、李佐尧、刘武德、董可武等送京师并殊死杖。崔士康杀之。白唯信者,潞骁将,数与雄战,惧不敢降,自武乡杀都将康良佺,欲降卢钧,雄遣人召降,惟信杀之,卒降钧。有诏从谏且死,乃署稹军事,宜剖棺暴尸于市。

三日雄发，视面如生，一目尚开。雄三斩之，仇人剔其骨几尽。谊者，兖州人。兄岌，事悟为牙将。常乐滏山秀峻曰：我死必葬此望气者。言其地当三世为都头异姓。河北谓都头异姓，至贵称也。然窆过二丈，不利谊。以岌假刺史，穿三丈，得石蛇并三卵，工破之，皆流血，至是谊及岌三子同诛。

《严善思传》：善思迁给事中。后崩，将合葬乾陵。善思建言，尊者先葬，卑者不得入。今启乾陵，是以卑动尊，术家所忌。且元阙石门，冶金锢隙，非攻凿不能开。神道幽静，多所惊黩，若别攻隧以入其中，即往昔葬时，神位前定，更且有害。曩营乾陵，国有大难，易姓建国，二十余年。今又营之，难且复生。合葬，非古也。况事有不安，岂足循据。汉世皇后，别起陵墓。魏晋始合葬，汉积祀四百，魏晋祚率不长，亦其验也。今若更择吉地附近乾陵，取从葬之，义使神有知，无所不通。若其无知，合亦何益。山川精气，上为列星，葬得其所，则神安而后嗣昌。失其宜则神危而后嗣损，愿割私爱，使社稷长久，中宗不纳。

《酉阳杂俎》：莱州即墨县，有百姓王丰兄弟三人。丰不信方位所忌，常于太岁上掘坑，见一肉块大如斗，蠕蠕而动，遂填其肉，随填而出。丰惧，弃之，经宿长塞于庭。丰兄弟奴婢数日内悉暴卒，唯一女存焉。

工部员外郎张周封言：旧庄城东，狗脊嘴西，尝筑墙于太岁上，一夕尽崩。且意其基虚功不至，乃率庄客，指挥筑之。高未数尺，炊者惊叫曰怪作矣。遽视之，饭数斗，悉跃出，蔽地著墙，匀若蚕子，无一粒重者，蠹墙之半如界焉。因诣巫，酹地谢之，亦无他焉。

《挥麈后录续》：《皇王宝运录》一书，载黄巢王气一事。中和三年夏，太白先生自号太白山人，不拘礼则。又云：姓王，竟不知何许人也。金州耆宿云：每三年见入州市一度，自见此先生卖药，已近三四十年，颜貌不改不老。其年夏六月三日，太白山人修谒金州刺史、检校尚书、左仆射、兼御史大夫崔尧封云：本州直北有牛山，傍有黄巢谷，金桶水且大，寇之帅黄巢陵劫州县，盗据上京，近已六年，又伪国大齐，年号金统，必虑王气在北牛山。伏请闻奏蜀京，掘破牛山，则此贼自败。尧封听之大喜，且具茶果与之言话。移时，太白山人礼揖而去。尧封遂与州官商量点诸县义丁男，日使万工掘牛山一月余，其山后崖崩。十丈以来，有一石桶，桶深三尺，径三尺，桶中有一头黄腰兽，桶上有一剑，长三尺，黄腰见之，乃呦然数声，自扑而死。尧封遂封剑，及画所掘地图，所见石桶事件闻奏，僖宗大悦，寻加尧封检校司徒，封博陵侯。黄巢至秋果衰。是岁，中原克平。如昭洗王涯等七家之诏，亦见是书。

《北梦琐言》：古有宅墓之书，世人多尚其事，识者犹或非之。杜公正伦与京兆宗派不同，常蒙轻远，公衔之，洎公宦达，后因事堙断杜陵山脉，由是诸杜数代不振。

鲜于仲通兄弟，阆州新井县人，崛起俱登将坛。望气者以其祖先坟上有异气，降勅堙断之。裔孙有鲜于岳者，幼年寝处，席底有一蛇，盖新出卵者，家人见之以为奇事。此后及壮，常有自负之色，历官终于普州安岳县令，不免风尘，其徒戏之曰鲜于蛇也。

《幕府燕闲录》：唐末，钱尚父镠始兼有吴越，将广牙城。以大公府有术者告曰：王若改旧为新，有国止及百年。如填筑西湖以为之，当十倍于此。王其图之。镠谓术者曰：岂有千年而天下无真主乎？有国百年，吾所愿也。即于治所增广之。及忠懿归朝，钱氏霸吴越凡九十八年。

《宋史·张煦传》：煦历西上阁门，使知磁州，煦明术数，善相宅，时称其妙。

《茅亭客话》：冯山人名怀古，字德淳，遂宁人也。有人伦之鉴，善辨山水地理。太平兴国中，于青城山三蹊路牛心山前，看花山后，因卜居，立三间大阁，偃息于中，居常所论，皆丹石之旨，以吐纳导引为事，博采方诀、歌颂、图记、丹经、道书，无不研考。每遇往来者，有服饵者，有入室求仙者，有得杂艺者，有能制服诸丹石者，复有夸诞自誉寿过数百岁者，有常与神仙往还者，欲传之者，以方书为要，授之者以金帛为情，尽皆亲近承事之。虽技艺无取，皆以礼接之。咸平中，成都一豪家葬父，遍访能地理者，选山卜穴，凡数岁方得之。

因令冯看之。冯曰：陵回阜转，山高陇长，水出分明，甚奇绝也。主人云：自葬之后，家财耗散，人口沦亡，何奇绝地如是也。山人曰：颇要言之，凡万物中，人最为灵，受命于天，与物且异，而有贵贱，各得其位，如鸟有巢栖，兽有穴处，故无互相夺者也。此山是葬公侯之地，岂常人可处。所以亡者不得安，存者不得宁。《易》曰：负且乘，致寇至。小人而乘君子之器，其是之谓乎。

《闻见后录》：嘉祐中，将修东华门，太史言太岁在东不可犯。仁皇帝批其奏曰：东家之西，乃西家之东，西家之东，乃东家之西，太岁果何在，其兴工勿忌。

《春渚纪闻》：余拂君厚，霅川人也。其居在汉铜官庙后，溪山环合。有相宅者言，此地当出大魁。君厚之父朝奉君云，与其善之于一家，不若推之于一郡。即迁其居于后。以其前地为乌程县学，不二三年，君厚为南宫魁，而莫俦、贾安宅继魁天下，则相宅之言为不妄。然君厚之家不十年而朝奉君殁，君厚兄弟亦继殂谢，今无主祀者，则上天报施之理，又未易知也。

先友提学张公大亨字嘉甫霅川人，先墓在弁山之麓，相墓者云，公家遇丑年有赴举者必登高第，初未之信。熙宁癸丑，嘉甫之父通直公著登第，元丰乙丑嘉甫登乙科，大观己丑嘉甫之兄大成中甲科，重和辛丑嘉甫之弟大受复中乙科，此亦人事地理相符之异也。

《可谈》：熙宁癸丑，先公登第，天子擢居第一，为权臣所轧，故居第二。大父颇不平。湖州道场山有老僧，为大父言，此非人事。道场山在州南离方，文笔山也低于他州，故未有魁天下者。僧乃丐缘即山背建浮屠，望之如卓一笔。既成，语州人曰，三十年出状元，后大观贾安宅，政和莫俦，相继为廷试魁，此吾家事，非诞也。常州诸胡、余外氏，自武平使枢密，宗愈继执政，宗回、宗师、宗炎、奕修皆两制，宗质四子，同时作监司，家资又高，东南号富贵胡家。相传祖茔三女山尤美，甚利子婿，余母氏乃尊行如渭阳，诸婿钱昂、黄辅国、李诗、蒋廷俊、张巨、陈举、蒋存诚皆为显官，余无不出常调。李吉甫太尉自言其家不利女婿，碌碌无用，如长倩余中成婚二十余年，元祐初，上疏乞诛李吉甫谢天下，后竟离婚，亦祖茔三女山相刑也。

《春渚纪闻》：张鬼灵，三衢人，其父使从里人学相墓术，忽自有悟，见因以鬼灵为名，建中靖国初至钱塘，请者踵至。钱塘尉黄正一为余言县令。周君者，括苍人，亦留心地理。具饭延款请鬼灵，曰："凡相墓或不身至，而止视图画可言克应否？"鬼灵曰："若方位山势不差，合葬时年月，亦可言其粗也。"因指壁间一图问之，鬼灵熟视久之曰："据此图墓前午上一潭，水甚佳，然其家子弟若有乘马坠此潭，几至不救者，即是吉地，而发祥自此始矣。"令曰："有之。"鬼灵曰："是年此坠马人必被荐，次年登第也。"令不觉起握其手曰："吾不知青乌子郭景纯何如人也。今子殆其伦比耳。是年春祀而某乘马从之，马至潭侧忽大惊跃，衔勒不制，即与某俱坠渊底，逮出气息而已。是秋发荐，次年叨忝者某是也。"蔡安世先墓在富春白升岭，其兄宏延鬼灵至墓下，视之谓宏，此墓当出贵人，然必待君家麦瓮中飞出鹌鹑为可贺也。宏曰："前日某家卧房米瓮中忽有此异，方有野鸟入室之忧。"鬼灵曰："此为克应也。君家兄弟有被魁荐者，即是贵人也。"是秋安世果为国学魁选。鬼灵常语人曰："我亦患数促，非久居世者，但恨无人可授吾术矣。"后二岁果殁，时年二十五矣。

先君尝见蔡元度，言其父死，委术者王寿昌于余杭寻视葬地，数日不至。蔡因梦至一官府，有紫衣人据案而坐，望蔡之入，遥语谓曰："汝寻葬地已得之否？野驼饮水形是也。"觉而异之，适寿昌至，问其所得，云有一地，在临平，山势耸远，于某术中佳城也。但恐观者未识吾言耳。元度云："姑言山形可也。"王云："一大山巍然，下临浙江，即野驼饮水形也。"元度曰："无复他求，神先告我矣。"即用之。

《挥麈后录》：范择善同，宣和中登第，得江西教官，自当涂奉双亲之官，其父至上饶而殂。寓于道旁之萧寺中，进退彷徨，主僧怜之，云寺后山半适有一穴，不若就葬之，不但免搬挈之劳，而老僧平日留心风水，此地朝揖绝胜，诚为吉壤，择善从之，即其地而殡之。其后择善骤贵登府，乃谋归祔于其祖兆，请朝假以往改卜时，老僧尚在，力劝不从。才徙之后，择善以飞语得罪于秦桧，未还阙，言者希指攻之，云同以迁葬为名，谒告于外，骚扰州县，迁谪而死。

《老学庵笔记》：蔡太师父准葬临平山，山为驼形，术家谓驼负重则行，故作塔于驼峰，而其墓以钱塘江为水，越之秦望山为案，可谓雄矣。然富贵既极一旦，丧败几于覆族，至今不能振俗，师之不可信如此。

《玉照新志》：黄进者，本舒州村人，为富室苍头奴，随其主翁为父择葬地于郊外山间。与葬师偕行，得一穴最胜，师指示其主云：葬此，他日须出名将。在傍默识之。是夕，乃挈其父之遗骸瘗于其所。主初不知为何人也，已而逃去为盗，坐法黥流。又数年天下乱，进鸠集党类，改涅其面为两旗，自号旗儿军。寇攘淮甸间，人颇识之，朝廷遣兵捕之，遂以众降，后累立功至防御使。

《过庭录》：祖妣甲戌冬殁于真国军。先子避地，仓惶中不复问术昔，以意卜葬。郡之水南未几有建昌黄生者，过墓下爱之，问先子所居，以刺投谒先子，昧其人托以它出，生力请曰："非有所觊，特欲言少事尔。"先子出见。生问曰："水南新坟，知公所葬，术者为谁也？"先子曰："乱离中归土是急，以意自卜尔。"生曰："几于暗合孙吴，此坟以术征之，不以久远论，来春当有天书及公，公赴无疑。"先子曰："哀苦偷生，安有是理。"笑而谢之。生曰："愿公漫记此言。"一揖而去。己酉二月，当路有荐先子者，果有御营参谋之除。

《挥麈三录》：绍兴庚申岁，明清侍亲居山阴，方总角，有学名张尧叟唐老自九江来，从先人。适闻岳侯父子伏诛，尧叟云："仆去岁在羌庐，正睹岳侯葬母，仪卫甚盛，观者填塞山间如市。解后一僧为仆言，岳葬地虽佳，但与王枢密之先茔坐向既同，龙虎无异，掩圹之后，子孙须有非命者。然经数十年再当昌盛。子其识之。"今乃果然，未知后如何耳。王枢密乃襄敏本江州人，葬其母于乡里，有十子。辅道既罹横逆，而有名宇者，为开封幕，过桥坠马死；名端者，待漏禁门，檐瓴冰柱折坠，穿顶而没；后数十年，辅道之子炎弼，彦融以勋德之裔，朝廷录用以官，把麾持节，升直内阁，炎弼二子万全、万枢，令皆正郎，而诸位登进士第者接踵。岳自非辜之后，凡三十年，满洗冤诬，诸子若孙，骤从缧绁，进躐清华，昔日之言，犹在耳也。

《委巷丛谈》：考亭朱文公得友人蔡元定，而后大明天地之数，精诣锺律之学，又纬之以阴阳风水之书，乃信用蔡说。上书建议乞以武林山为孝宗皇堂，且谓会稽之穴，浅䐑而不利。愿博访草泽，以决大议，其后言者毁考亭阴援元定，元定亦因是得谪云。

《齐东野语》：杨和王居殿岩日，建第清湖洪福桥，规制甚广。自居其中，旁列诸子四舍，皆极宏丽。落成之日，纵外人游观。一僧善相宅，云："此龟形也，得水则吉，失水凶。"时和王方被眷，倦从容闻奏，欲引湖水以环其居，思陵首肯，曰："朕无不可，第恐外庭有语，宜密，速为之。"退即督濠寨兵数百，且多募民夫，夜以继昼，入自五房院，出自惠利井，蜿蜒萦绕，凡数百丈，三昼夜即竣。事未几，台臣果有疏言，擅灌湖水入私第，以拟宫禁者。上晓之，曰："朕南渡之初，金人退而群盗起，遂用议者羁縻之策，刻印尽封之。所有者止淮、浙、数郡耳，会诸将尽平群盗，朕因自誓除土地外，凡府库金帛，俱属不问，故诸将有余力以给泉池、园圃之费，若以平盗之功言之，虽尽以西湖赐之，曾不为过。况此役已成，唯卿容之。"言者遂止。既而复建杰阁，藏思陵御札且揭，上赐"风云庆会"四大字于上。盖取大龟昂首，下视西湖之象，以成僧说。自此百余年间，无复火灾，人皆神之。至辛巳岁，其家舍阁于佑圣观，识者谓龟失其首，疑为不祥。次年五月竟毁，延燎数百楹，不数刻而尽，益验毁阁之祸云。

《挥麈余话》：永昌陵卜吉，命司天监苗昌裔往相地，西洛既覆土，昌裔引董役内侍王继恩登山巅，周览形势，谓继恩云："太祖之后，当再有天下。"继恩默识之。太宗大渐，继恩与参知政事李昌龄，枢密赵镕，知制诰胡旦，布衣潘阆谋立太祖之孙唯吉，适泄其机，吕正惠时为上宰，锁继恩而迎真宗，于南衙即帝位。继恩等寻悉诛窜，前人已尝记之。熙宁中，昌龄之孙逢登进士第，以能赋擅名一时，吴伯固编三元衡鉴，祭九河合为一者是也。逢素闻其家语，与方士李士宁，医官刘育荧惑宗室世居，共谋不轨，旋皆败死。详见国史。靖康末，赵子崧守陈州，子崧先在邸中剽窃此说，至是适天下大乱，二圣北狩，与门人傅亮等歃血为盟，以幸非常，传檄有云：艺祖造邦千龄，而符景运，皇天佑宋，六叶而生，眇躬继知，高宗已济大河，皇惧归命，遣其妻弟陈良翰奉表劝进，高宗罗致元帅幕中，兴后亟欲用，会与大将辛道宗争功，道宗得其文缴进之，诏置狱京口，究治得情，高宗震怒，然不欲暴其事，以它罪窜子崧于岭外，此与夏贺良赤精子之言，刘歆易名以应符谶，何以异哉？岂知接千秋之统，帝王自有真邪。

《括异志》：上舍伯祖巽旧葬惹山后，忽卜兆于丁村，遂迁葬焉。其中紫藤蟠固棺上，或云穴有紫藤，此吉征也。遂斫藤迁之，自后其家浸衰。

《癸辛杂识》：赵节斋之父国公祖墓在括苍青田，以地本一蜀人所定，约三年复来，已而见者皆言其中有水，当谋改厝。启之未毕，而前人至，见之曰："水自有之，无害也。"既启穴，水绿色，以盏勺饮，极甘。挠之数四，一金鱼跃出，击杀之。又挠之，有二鱼，复击其尾，纵之，曰："当出三天子，今只作一半。"遂复掩之，后乃生景献太子。

王伋云：阴阳家无它，唯"忌乐"二字而已。乐唯乐其纯阳纯阴，忌唯忌其生旺库墓，此水法也。谓如子午向，午水甲水皆可向，即纯阳艮震山，庚辛水流纯阴。

孔应得云：朱晦庵之葬用悬棺法，术家云斯文不坠，可谓好奇。越上有香炉峰，唐德宗时有告于庙者，言此山有天子气，于是遣使凿其山。理宗、高祖、周元肃王向祇，抵于河南死焉，其子楚王遂挟父母遗骨以归越，葬于香炉峰下，于是前说验焉。又杭之仁和县有桐柏山，宣和中蔡京尝葬其父于临平，及京败，或谓此为骆驼饮海势，遂行下本路，遣匠者凿破之，有金鸡自石中飞出，竟渡浙江。其地至今有开凿之径，知地理者谓犹出带血天子，而后济王实生其地。

《辍耕录》：江阴州宋季时，兵马司在州治东南里许平地上，司之后置土牢，归附后有善地理者，以为宜帝王居之。人问其故，曰：君山龙脉，正结于此，是以知其然也。皆弗之信，越数年，就其上起盖三皇庙，亦奇术哉。君山州之主山也。

《幽怪录》：董表仪家住沙河塘，欲撒屋掘土，术者言太岁方不可兴工。不信，既而掘深三尺，得一肉块漫漫然。人言即太岁也。董甚悔恶，投诸河，后亦无祸。

王文禄《龙兴寺记》：泗州有杨家墩，墩下窝，熙祖尝卧其中。有二道士过指卧处曰："若葬此，出天子。"其徒曰："何也？"曰："此地气暖，试以枯枝栽之，十日必生叶。"熙祖起，曰："汝闻吾言乎？"熙祖佯聋，乃以枯枝插之去。熙祖候之十日，果生叶，熙祖拔之，另以枯枝插之。二道士复来，其徒曰："叶何不生也？"曰："此必人拔去矣。"熙祖不能隐。道士曰："但泄气，非长支传矣。"谓曰："汝有福，殁当葬此，出天子矣。"熙祖语仁祖，后果得葬，葬后土自壅。其后陈后孕太祖，皆言此墩有天子气，仁祖徙凤阳，生于盱眙县灵迹乡，方圆丈许，至今不生草木。仁祖崩，太祖昇至，中途风雨大作，索断，土自壅为坟，人言葬九龙头上。系曰：嘉靖戊戌春，遇松江徐长谷献忠言，与予幼闻合，且言曾至熙祖陵，龙脉发自中条，王气攸萃前，渚水成湖作内明堂，淮河、黄河合襟

九天元女青囊海角经

作外明堂，淮上九峰插天为远案，黄河西绕，元末东开，会通河绕之，而圣祖生矣。天时地理不符也。又言：诞时二郎神庙徙去路东数十步，移浴于河，忽水中浮起红罗一方，取为褓，今名红罗障云。

堪舆艺文

难宅无吉凶摄生论

（晋）嵇 康

夫神祇邈远，吉凶难明，虽中人自竭，莫得其端，而易以惑道。故夫子寝答于来问终，慎神怪而不言。是以古人显仁于物，藏用于身，知其不可，众所共非，故隐之。彼非所明也。吾无意于庶几，而足下师心陋见，断然不疑，系决如此，足以独断。思省来论，旨多不通。谨因来言以生此难。方推金木，未知所在，莫有食治，世无自理之道，法无独善之术。苟非其人，道不虚行。礼乐政刑，经常外事，犹有所疏，况乎幽微者耶？纵欲辨明神微，祛惑起滞，立端以明所由，[①] 断以检其要；乃为[②]微，若但撮提群愚，[③] 蚕种，忿而弃之，因谓无阴阳吉凶之理，得无似噎而怨粒稼，溺而责舟楫者耶？论曰："百年之宫，不能令殇子寿，孤逆魁冈，不能令彭祖夭。"又曰：许负之相条侯，英布之黥而后王，皆性命也。应曰："此为命有所定，寿有所在，祸不可以智逃，福不可以力致。英布畏痛，卒罹刀锯，亚夫忌馁，终有饿患。万物万事，凡所遭遇，无非相命也。"然唐虞之世，命何同延？长平之卒，命何同短？此吾之所疑也。即如所论，虽慎若曾颜，不得免祸，恶若桀跖，故当昌炽。吉凶索定，不可推移。则古人何言"积善之家，必有余庆"。"履信思顺，自天祐之"，必积善而后福应，信著而后祐来，犹罪之招罚，功之致赏也。苟先积而后受报，事理所得、不为闇自遇之也。若皆谓之是相，此为决相命于行事，定吉凶于智

---

① 缺。
② 缺。
③ 缺二字。

力,恐非本论之意,此又吾之所疑也。又云:"多食不消,必须黄丸。"苟命自当生,多食何畏而服良药?若谓服药是相之所一,宅岂非是一耶?若谓虽命犹当须药自济,何知相不须宅以自辅乎?若谓药可论,而宅不可说,恐天下或有说之者矣。既曰"寿夭不可求,甚于贵贱",而复曰"善求寿强者必先知灾疾之所自来,然后可防也"。然则寿夭果可求耶?不可求也?既曰"彭祖七百殇子之夭,皆性命自然"。而复曰"不知防疾,致寿去夭,求实于虚,故性命不遂"。此为寿夭之来,生于用身,性命之遂,得于善求。然则夭短者,何得不谓之愚?寿延者,何得不谓之智?苟寿夭成于愚智,则自然之命不可求之论,奚所措之?凡此数者,亦雅论之矛盾矣。论曰:"专气致柔,少私寡欲,直行情性之所宜,而合养生之正度,求之于怀抱之内而得之矣。"又曰:"善养生者,和为尽矣!"诚哉斯言。匪谓不然。但谓全生不尽此耳。夫危邦不入,所以避乱政之害;重门击柝,所以避狂暴之灾;居必爽垲,所以远风毒之患,凡事之在外能为害者,此未足以尽其数也。安在守一和而可以为尽乎?夫专静寡欲,莫若单豹,行年七十而有童孺之色,可谓柔和之用矣!而一旦为虎所食,岂非恃内而忽外耶!若谓豹相正当给虎,虽智不免,则寡欲何益,而云养生可得?若单豹以未尽善而致灾,则辅生之道不止于一和。苟和未足保生,则外物之为患者,吾未知其所齐矣。论曰:"师占成居则有验,使造新则无征。"请问占成居而有验者,为但占墙屋耶!占居者之吉凶也。若占居者而知盛衰,此自占人,非占成居也。占成居而知吉凶,此为宅自有善恶,而居者从之,则当吉之人受灾于凶宅,妖逆无道获福于吉居。尔为吉凶之致,惟宅而已,更令由人也,新便无征耶?若吉凶故当由人,则虽成居何得而云有验耶?若此果可占耶?不可占耶?果有宅耶?其无宅也?论曰:"宅犹卜筮,可以知吉凶而不能为吉凶也。"应曰:此相似而不同。卜者,吉凶无豫,待物而应将来之地也。相宅不问居者之贤愚,惟观已然有传者已成之形也。犹睹龙颜而知当贵,见纵理而知饿死。然各有由,不为闇中也。今见其同于得吉凶,因谓相宅与卜不异,此犹见琴而谓之箜篌,非但不知琴也。纵如论,宅与卜同,但能知而不能为,则吉凶已成,虽知何益?卜与不卜,了无所在。而古人将有为,必曰问之龟筮吉以定所由差。此岂徒也哉!此复吾之所疑也。武王营周,则云:"考卜惟王,宅是镐京。"周公迁邑，乃卜涧瀍，终惟洛食。又曰："卜其宅兆而安厝之。"古人修之于昔如彼，足下非之于今如此，不知谁定可从。论曰："为三公宅，而愚民必不为三公可知也。"或曰："愚民必不得久居公侯宅，然则果无宅也。"应曰："不谓吉宅能独成福，但谓君子，既有贤才，又卜其居，复顺积德，乃亨元吉。犹夫良农，既怀善艺，又择沃土，复加耘籽，乃有盈仓之报耳。今见愚民不能得福于吉居，便谓宅无善恶，何异睹种田之无十千，而谓田无壤瘠耶？良田虽美，而稼不独茂，卜宅虽吉，而功不独成，相须之理诚然，则宅之吉凶未可惑也。今信征祥则弃人理之所宜守，卜相则绝阴阳之吉凶，持智力则忘天道之所存，此何异识时雨之生物，因垂拱而望嘉谷乎？是故疑怪之论生，偏是之议兴。所托不一，乌能相通？若夫兼而善之者，得无半非冢宅耶？"论曰："时日遣祟，古盛王无之，季王之所好听。"此言善矣。顾其不尽然。汤祷桑林，周公秉圭，不知是遣祟非也？"吉日惟戊，既伯既祷"，不知是时日非也？此皆足下家事，先师所立，而一朝背之，必若汤周未为盛王。幸更详之。又当知二贤何如足下耶？论曰：贼方至，以疾走为务。食不消，以黄丸为。先子徒知此，为贤于安须，更与求乞胡，而不知制贼病于无形，事功幽而无跌也。夫救火以水，虽自多于抱薪，而不知曲突之先物矣。况乎天下微事，言所不能及，数所不能分，是以古人存而不论。神而明之，遂知来物。故能独观于万化之前，收功于大顺之后。百姓谓之自然，而不知其所以然。若此岂常理之所逮耶？今形象著明，有数者犹尚滞之，天地广远，品物多方，智之所知，未若所不知者众也。今执辟谷之术，谓养生已备，至理已尽，驰心极观，齐此而还。意所不及，皆谓无之，欲据所见，以定古人之所难言，得无似蟪蛄之议冰耶？欲以所识，而缺三字之所弃，得无似戎人问布于中国，睹麻种而不事耶？吾怯于专断，进不敢定祸福于卜相，退不敢谓家无吉凶也。

答释难宅无吉凶摄生论

前 人

　　夫先王垂训，开端为中人，言之所树，贤愚不违；事之所由，古今不忒，所以致教也。若元机神妙，不言之化，自非至精，孰能与之？故善求者观物于微，触类而长，不以己为度也。按如所论。"甚有则愚，甚无则诞"，今使小有，便得不愚耶？了无乃得离之也？若小有财不愚，吾未知小有其限所止也。若了无乃得离之，则甚无者无为谓之诞也。又曰："私神立则公神废，"然则恶夫私之害公，邪之伤正，不为无神也。向墨子立公神之情，状不甚有之说；使董生托正忌之涂，执不甚无之言，二贤雅趣，可得合而一，两无不失耶？今之所辨欲求实，有实无以明自然不诡，持论有工拙，议教有精粗也。寻雅论之指，谓河洛不诚，借助鬼神，故为之宗庙，以神其本；不答子贡，以求其，然则足下得不为托心无鬼，缺齐契于董生耶？而复显古人之言，惧无鬼之弊，貌与情乖，乃立从公废私之论，欲弥缝两端，使不愚不诞，两讥董墨，谓其中央可得而居。恐辞辨虽巧，难可俱通，又非所望于核论也。故吾谓古人合德天地，动应自然，经世所立，莫不有征。岂匪设宗庙以期后嗣，空借鬼神以望将来耶？足下将谓吾与墨不殊，今不辞同有鬼，但不偏守一区，明所当然，使人鬼同谋，幽明并济，亦所以求衷，所以为异耳。论曰：钧疾页祷不同，故于臣弟则周公请命，亲其身则尼父不祷，所谓礼为情貌者也。难曰：若于臣子则宜修情貌，未闻舜禹有请君父也。若于身则否，未闻武王阔祷之命也。汤祷桑林，复为君父耶？推此而言，宜以祷为益，则汤周用之。祷无所行，则孔子不请。此其殊涂同归，随时之义也。又曰：时日，先王所以诫不怠而劝从事，足下前论云"时日非盛王所有"，故吾问惟戊之事。今不答惟戊果是非，而曰所诫劝，此复两许之言也。纵令惟戊尽于诫劝，寻论按名，当言有日耶？无日耶？又曰："俗之时日，顺妖忌而逆事理。"按此言以恶夫妖逆故去之，未为盛王了无日也。夫时日用于盛世，而来代袭以妖惑，犹先王制雅乐，而季世继以淫哇也。今愤妖忌，因欲去日，何异恶郑卫而灭韶武耶？不思其本，见其所弊，辄疾而欲除，得不谓遇喧溺而迁怒耶？足下既已善卜矣，乾坤有六子，支干有刚柔，统以阴阳，错以五行，故吉

· 174 ·

凶可得，而时日是其所由，故古人顺之焉。有善其流而恶其源者，吾未知其可也。至于河洛宗庙，则谓匿而不信；类祸祈祷，则谓伪而无实；时日刚柔，则谓假以为劝。此圣人专造虚诈以欺天下？匹夫之谅，且犹耻之，今议古人，得无不可乃尔也。凡此数事，犹陷于诬妄，冢宅之见伐，不亦宜乎！前论曰："若许负之相条侯、英布之黥而后王。"一栏之羊，宾至而有死者，性命之自然也。今论曰："隆准龙颜，公民之相，不可假求，此为相命自有一定，相所当成，人不能坏。相所当败，智不能救。陷常生于众险，虽可惧而无患；抑当贵于厮养，虽辱贱而必贵。薄姬之困而后昌，皆不可为，不可求，而闇自遇之。全相之论，必当若此。乃一途得通，本论不滞耳。吾适以信顺为难，则便曰信顺者，成命之理。必若所言，命以信顺成，亦以不信顺败矣。若命之成败，取足于信顺，故是吾前难寿夭成于愚智耳，安得有性命自然也。若信顺果成相命，请问亚夫由几恶而得饿，英布修何德以致王？生羊积几善以获存？死者负何罪以逢灾耶？既持相命，复惜信顺，欲饰二论，使得并通，恐似矛盾无俱立之势，非辨言所能两济也。"论曰："论相命，当辨有无，无疑众寡。苟一人有命，则长平皆一矣。"又曰："知命者，不立岩墙之下。"吾谓知命者，当无所不顺，乃畏岩墙，知命有在，立之何惧？若岩墙果能为害，不择命之长短，则知与不知，立之有祸，避之无患也。则何知白起非长平之岩墙，而云千万皆命，无疑众寡耶？若谓长平虽同于岩墙，故是相命宜值之，则命所当至，期于必然，不立之诫，何所施耶？若此果有相耶？此复吾之所疑也。又曰：长平不得系于命，将系宅耶？则唐虞之世，宅何同吉？本疑前论，无非相命，故借长平之异同，以难相命之必然。广求异端，以明事理，岂必吉宅以质之耶？又前论已明吉宅之不独行，今空抑此言，欲以谁难？又曰，长平之卒，宅何同凶，苟大同足，嫌足下愚于吾也。适至守相，便言千万皆一，校以至理，负情之对，于是乎见。既虚立吉宅，缺而无获，欲救相命，而情以难显。故云：如此可谓善战矣！论曰：卜之尽，盖理所以成相命者也。此复吾所疑矣。前论以相命为主，而寻益以信顺此一离娄也。今复以卜成之，成命之具三，而犹不知相命竟须几个为足也！若惟信顺，于理尚少，何以谓成命之理耶？若是相济，则卜何所补，于卜复曰成命耶？请问卜之成命，使单豹行卜，知将有虎灾，则隐居深宫，严备自卫，若虎犹及之，为卜无所益也。何云成相耶。若谓豹卜而得脱，本无厄虎相也，卜为妄语矣。若谓凡有命，皆当由卜乃成，则世有终身不卜者，皆失相夭命耶？若谓卜亦相也，然则卜是相中一物也，安得云以成相耶？若此不知卜筮故当与相命通相成为，不当各自行也。论曰：无故而居可占，犹龙颜可相也。设为吉宅而后居，以幸福报，无异假颜准而望公侯也。然则人实征宅，非宅制人也。按如所言"无故而居可占者"，必谓当吉人之瞑目而前，推遇任命，以闇营宅，自然遇吉也。然则岂独吉人，凡有命者，皆可以闇动而自得正，是前论命自然不可增减者也。骤以可为之信顺，卜筮，成不可增减之命矣。奚独禁可为之宅，不尽相命，惟有闇作乃是真宅耶？若瞑目可以得相，开目亦无所加也。智者愈当识之。周公营居，何故踌躇于涧瀍，问龟筮而食洛耶？若龟筮果有助于为宅，则知闇作可有不尽善之理矣。苟闇作有不尽，则不闇岂非求之术耶？若必谓龟筮不能尽相于闇往，想亦不失相于考卜也。则卜于不卜，为与不为，皆期于自得。自得苟全，则善占者所遇当识，何得无故则能知，有故则不知也？然贞宅之异假颜，贵夫无故识之，贞宅之与设为，其形不同以功成，俱是吉宅也。但无故为贞宅，授吉于闇遇设为，减福于用知尔。然则吉凶之形，果自有理，可以为故而得。故前论有占成之验也。然则占成之形，何以言之？必遂远近得宜，堂帘有制，坦然殊观，可得而别。利人以福，故谓之吉，害人以祸，故谓之凶。但公侯之相，闇与吉会尔。然则宅与性命，虽各一物，犹农夫良田，合而成功也。设公侯迁后，方乐其吉而往居之，吉宅岂选能而后纳，择善而后福哉。苟宅无情于择贤，不惜吉于设为，则屋不辞人，田不让耕，其所以为吉凶薄厚，何得不均？前吉者不求而遇，后闻吉而往，同于居吉宅，而有求与不求矣！何言诞而不可为也？田是言之，非从人而征宅，亦成人明。矣若挟颜状，则英布鲸相，不减其贵，隆准见劓，不减公侯之标，是知颜准是公侯之标识，非所以为公侯质也。故标识者，非公侯质也。吉名宅宇，与吉者宅实也。无吉征而自宅，以征假见难可也，若以非质之标识，难有征之吉宅，此吾所不敢许也。子阳无质而镂其掌，即知当字长耳巨君篡宅而运其魁，即偏恃之祸，非所以为难也。至公侯之命，禀之自然，不可陶易。宅是外物，方圆由人，有可为之理，犹西施之洁不可为，而西施之服可为也。黼黻芳华所以助缺，吉宅缺家所以成相，故世无人方而有卜宅，是以知人宅不可相喻也。安得以不可作之人，绝可作之宅耶？至刑德皆同，此一家非本论占成居而得吉凶者也。且先了此，乃议其余。论曰：猎夫从林，所遇或禽或虎，虎凶禽吉，卜者筮而知之，非能为。安知所言地之善恶，犹禽吉虎凶。猎夫先筮，故择而从禽，如择居，故避凶而从吉。吉地虽不可为而可择处，犹禽虎虽不可变而可择从。苟卜筮所以成相，虎可卜而地可择，何为半信而半不信耶？又云：地之吉凶，有若禽虎，不得宫姓则无害，商则为灾也。案此为怪所不解，而以为难，似未察宫商之理也。虽此理之吉，而或长于养宫，短于毓商，犹良田虽美，而稼有所宜。何以言之？人姓有五音，五行有相生，故同姓不婚，恶不殖也。人诚有之，地亦宜然。故古人仰准阴阳，俯协刚柔，中识性理，使三才相善，同会于大通，所以穷理而尽物宜也夫同声相应同气相求自然之分也。音不和则比弦不动，声同则虽远相应。此事虽著而犹莫或识，苟有五音各有宜，土气有相生，则人宅犹禽虎之类，岂可见宫商之不同，而谓地无吉凶也。论曰：天下或有能说之者，子而不言，谁与能之。难曰：足下前论以云"有能占成居者"，此即能说之矣！故吾曰天下当有能者，今不求之于前论，而复责吾难之于能言，亦当知家宅有吉凶也。又曰：药之已病为一也，实。而宅之吉凶为一也，诬。既曰成居可占，而复曰诬耶？药之已病，其验又见，故君子信之。宅之吉凶，其报赊遥，故君子疑之。今若以交赊为虚，则恐所以求物之地鲜矣。吾见沟浍，不疑江海之大。睹丘陵则知有泰山之高也。若守药则弃宅，见交则非赊，是海人所以终身无山，山客曰无大鱼也。论曰：智之所知，未若所不知，不可妄论也。难曰：智所不知，相必亦未知也。今暗许，便多于所知者，何耶？必生于本，谓之无，而强以验有也。强有之验，将不盈于数矣。而并所成验者谓之多于所知耳。苟知，然果有未还之理，不因见求隐，寻论究绪，由缺二字而得卯未。夫寻端之理，犹猎师以得禽也，纵使寻迹，时有无获，然得禽，曷尝不由之哉。今吉凶不先定，则谓不可求，何异得兽不期则，不敢讯，举气缺足坐守无根也。由此而言，探赜索隐，何谓为妄？

五行禄命葬书论

（唐）吕　才

叙《宅经》曰：《易》称"上古穴居而野处，后代圣人易之以宫室。盖取诸大壮。"逮乎殷周之际，乃有卜宅之文。故《诗》称相其阴阳。《书》云卜惟洛食。此则卜宅吉凶，其来尚矣。至于近代师巫，更加五姓之说。言五姓者，谓宫、商、角、徵、羽等。天下万物，悉配属之。行事吉凶，依此为法。至于张王等为商，武庚等为羽，欲以同韵相求，及其以柳姓为宫商，复有复姓数字，徵羽不别。验于经典，本无斯说。诸阴阳书，亦无此语。直是野俗口传，竟无所出之处。惟按堪舆经云：黄帝对于天老，乃有五姓之言，且黄帝之时，不过姬数姓。暨于后代，赐族者多。至于管、蔡、郕、霍、鲁、卫、毛、聃、郜、雍、曹、滕、毕、原、酆、郇，并是姬姓；子，孔、殷、宋、华、向、萧、亳、皇甫，并是子姓。苗裔自余，诸国准例皆然。因邑因官，乃分枝叶，未知此等诸姓，是谁配属宫商。又检春秋以陈卫，及秦并同水姓，齐陈及宋皆为火姓，或承所出之祖，或系于所属之星，或取所居之地，亦非宫、商、角、徵、羽共相管摄，此则事不稽古，义理乖僻者也。

叙《葬书》曰：《易》曰："古者之葬，厚衣之以薪，不封不树，丧期无数。后代圣人易之以棺椁，盖取诸大过。"《礼》云："葬者，藏也。欲使人不得见之。"然《孝经》云："卜其宅兆而安厝之。"以其复土事毕，长为感慕之所，窀穸礼终，永作鬼神之宅。朝市迁变，岂得先测于将来；泉石交侵，不可逆知于地下，是以谋之龟筮，庶无后艰，斯乃备于慎终之礼，曾无吉凶之理义。暨近代以来，加之阴阳葬法。或选年月便近，或量墓田远近，一事失所，祸及死生。巫者利其货贿，莫不擅加防害，遂使《葬书》一术，乃有百二十家，各说吉凶，拘而多忌。且天覆地载，乾坤之理备焉。一刚一柔，消息之义详矣。或成于昼夜之道，感于男女之化，三光运于上，四时通于下，斯乃阴阳之大经，不可失之于斯须也。至于丧葬之吉凶，乃附此为妖妄。《传》曰：王者七日而殡，七月而葬；诸侯五日而殡，五月而葬；大夫经时而葬，士乃逾月而已。此则贵贱不同，礼亦异数。欲使同盟同轨，赴吊有期，量事制宜，遂为常式。法既一定，不得违之。故先期而葬，谓之不怀，后期而不葬，谓之殆礼，此则葬有定期，不择年月，其义一也。《春秋》云："丁巳葬定公。雨，不克葬。"至于戊午襄事，《礼经》善之。《礼记》云"卜葬先远日"者，盖选月终之日。所以避不怀也。今检《葬书》，以己亥之日，用葬最凶。谨按：春秋之际，此日葬者，凡有二十余件，此则葬不择日，其义二也。《礼记》又云：周尚赤，大事用日出；殷尚白，大事用日中；夏尚黑，大事用日昏。时郑元注云：大事者何，谓丧葬也。此则直取当代所尚，不择时之早晚。《春秋》又云："郑卿子产及子太叔葬郑简公，于时司墓，大夫室当葬路。若坏其室，即日出而崩；不坏其室，即日中而崩。子产不欲坏室，欲待日中。子太叔云：若至日中而崩，恐久劳诸侯大夫来会葬者。"然子产既云博物君，子太叔乃为诸侯之选，国之大事，无过丧葬，必是义有吉凶，斯等岂得不用。今乃不问时之得失，唯论人事可否。曾子问云："葬逢日蚀，舍于路左，待明而行，所以备非常也。"若依《葬书》，多用乾艮，二时并是近夜半，此则交与礼违。今检《礼传》，葬不择时，其义三也。《葬书》云："富贵官品，皆由安葬所致。年寿延促，亦由坟陇所招。"今按《孝经》云："立身扬名于后世，以显父母。"《易》曰："圣人之大宝曰位，何以守位曰仁。"是以日慎一日，则泽及无穷。苟德不建，而人无据，此则非论安葬吉凶，而论福祚延促矣。夫臧孙有后于鲁，不关葬得吉日；若敖绝嗣于荆，不由迁厝失所。此则安葬吉凶不可信用，其义四也。今之丧葬吉凶，皆由五姓便利。古之葬者，并在国都之北，兆域既有常所，何取姓墓之义。赵氏之葬，并在九原，汉之山陵，散在诸处。上利下利，蔑尔不论，大墓小墓，其义安在？及其子孙，富贵不绝。或与三代同风，或分六国而王，此则五姓之义，大无稽古吉凶之理。何从而生其义五也？且人臣名位，进退何常。亦有初贱而后贵，亦有始泰而终否。是以子文三已令尹，展禽三黜士师，安葬一定，更不回改。冢墓既成，曾不革易。则何因名位无时暂安。故知官爵弘之在人，不由安葬所致。其义六也。野俗无识，皆信葬书。巫者诳其吉凶，愚人因而侥幸。遂使擗踊之际，择葬地而希官品；荼毒之秋，选葬时以规财禄。或云辰日不宜哭泣，遂莞尔而受吊问；或云同属忌于临圹，乃吉服而不送其亲。圣人设教，岂其然也。《葬书》败俗，一至于斯，其义七也。

葬书问对

（元）赵 汸

或问葬地之说，理有是乎？对曰："有之。"

"然则其说孰胜？"

对曰："《葬书》至矣。"

问曰："《葬书》真郭氏之言乎？抑古有其传也？"

对曰："不可考。《周官》：冢人掌公墓，墓大夫掌凡邦墓，皆辨其尊卑度数而葬。以其族大，司徒以本俗六安，万民次二曰族坟墓。则葬不择地明矣。岂有无事而著其法者哉！《汉书·艺文志》叙形法家，大举九州之势，以立城郭室舍，形人及六畜骨法之度数，器物之形容，以求其声气、贵贱，吉凶，而宫宅地形与相人之书，并列葬地之法。其肇派于斯乎？予尝读张平子《冢赋》，见其自述上下冈陇之状，大略如今《葬书》。寻龙捉脉之为者，岂东汉之末，其说已行于士大夫间。至景纯最好方伎，世见其葬母暨阳，卒远水患，符其所征，而遂以《葬书》传诸郭氏，然无所考矣。"

问曰："《葬书》世所有，然自齐梁至唐，君子不道，至宋司马温公，乃欲焚其书，禁绝其术，何也？"

对曰："其言有大悖于理者，书固可焚，术固当绝也。夫盛衰消长之变，一定而不可推移者。虽圣智巧力无能为。盖天之所命，而神功之不可测者也。后世诸子百氏，好为异端奇论者众矣。未有敢易此以为言者。而《葬书》独曰：神功可夺，天命可改。嘻，其欺天罔神，谤造化而诬生民也甚矣！世俗溺于其说，以为天道一定之分，犹有术以易之。则凡人事之是非，黑白物我得失之细，固可颠倒错乱，伏藏擒制于方寸之隐发，以遂吾私而无难，而世道人心，遂有不可回者。岂非《葬书》之有以误之与？禁而绝之，固善。"

问者曰："夫其谬戾固已如此，而又以为葬地之理在焉，何也？"

对曰："术数之书，其言不纯，往往类此。夫创物之智，难以言传，固不可以为言者之失，而蔽其善也。"

曰："敢问其言之善者何谓也？"

对曰："所谓乘生气者是也。班孟坚曰'形与气相首尾'，此精微之独异，而数之自然，最为得形法之要，盖与《葬书》之言相表里。夫山川之起止，合散其神交气感，备百物之情，故地形之书，与观宫宅人物者同出一原。而后世杨廖之徒，遂精其能而极其变。然后坤灵生息之机，得乘以葬而后无失焉。盖非殊资异识，足以尽山川百物之情。逆来顺往，旁见侧出，皆得其自然之数者，不足以语此。则事虽鄙而理亦微矣。故其书愈多，其法愈密，而此三言者，足以尽蔽其义。盖古先遗语之尚见于其书者乎？"

又问曰："星，天象也。术家以名山，岂《葬书》之旨耶？"

对曰："五行，阴阳天地之化育，在天成象，在地成形，声色貌象，各以其类。盖无物不然，无微不著，而况山阜有形之最大者哉。苟至理所存，不必其说之皆出于古也。"

曰："直者，吾知其为木；锐者，吾知其为火；转动者，吾知其为水；而圆之为金，方之为土，何也？"

对曰："《易》象乾为天、为金、为圆，因其从革，以观其在，熔则知之矣。四方形而土居其中，盖体坤而得地之象也。"

问者曰："然则或谓人间万事皆顺，惟金丹与地理为逆者，何也？"

对曰："人有五脏，外应天地，流精布气，以养形也。阳施阴受，以传代也。非逆不足以握神机，而成变化。天有五气，行乎地中，流润滋生，草木荣也。氤氲上腾，发光景也，非逆不足以配灵爽而贯幽明。知金丹之为逆者，则生气得所乘之机矣。夫岂一物对待之名哉！"

又问曰："今闽巫方位之说，亦得《葬书》之旨乎？"

对曰："论五行衰旺生克，此是阴阳家事，非所以求形法。葬书言方在势与形之次，而近世临川吴公刊定其书，置是语于《杂篇》之首，盖尝与人言方位时日，无关于地理，可谓得其本矣。譬诸方伎家，起死回生，必精乎色脉之度数，长生久视，不出乎内外之法象。盖形气之冶，神机合变，不系于方，其本如此。"

问者曰："然则欲知葬地之理者，将即形法而求之备乎！抑合阴阳家而论之也？对曰：是固当辨。譬之人事形法。其言相也。阴阳，其推命也。有不相待者矣。然言相者，因百物之异形，而各极其情状，以察造化之微，而知吉凶。必不以相人者相六畜也。推命者以生年、月、日、时论祸福吉凶，犹或失之者。由其为术之本，不足以范围大化也。移之以推六畜，辄大谬者。六畜之生，不同于人也。夫方位之说，本非所以求地理，况乎随意所择，不得形法之真，而概以其说加之，则亦何异以虚中子平之术，而推六畜，以论牛马者而论人耶？"

又问曰："然则其说何自而始，术家多谈之者，又何耶？"

对曰："不知其所自起也。赣人相传，以为闽士有求葬法于江西者，不遇其人，遂泛观诸郡名迹，以罗镜测之，各识其方，以相参合，而傅会其说，如此盖瞽者扣盘扪烛以求日之比，而后出之书，益加巧密，故遂行于闽中，理或然也。夫势与形，理显而事难，以管窥豹者，每见一斑；按图索骥者，多失于骊黄牝牡。苟非其人神定识超，未必能造其微也。方位者，理晦而事易，画师喜模鬼神，惮作狗马。况羁旅求合之巫，恶肯改其所难，以艰其衣食之途哉？此可为智者道尔。"

问者又曰："理既如是，则葬书所谓反气纳骨，以荫所生者，固在其术中矣。何乃于夺神功，改天命之说，而斥绝之若是耶？"

对曰："本骸得气、遗体受荫者，气机自然之应也。然吉地不易求，而求全吉者尤未易。葬师尝鲜遇，而遇真术者为尤鲜。是其术之明晦用舍，地之是非得失，且悬于天而不可必。今其言曰：君子以是夺神功改天命，何其不思之甚耶？孔子曰：'不知命无以为君子。'岂《葬书》之谓君子者乎？"

又曰："然则今之名卿大家，其先世葬地多验，如执券取物。至其盛时，竭力以求，辄无所得，或反倍谬，取祸岂亦分定者不可推迁邪？"

对曰："不但如是而已。夫家之将兴，必先世多潜德阴善，厚施而不食。其报若是者，虽不择而葬，其吉土之遇，与子孙之昌，固已潜符默契，盖天畀之也。后世见其先之兴盛，而不知其所自来，于是妙贪巧取，牢笼刻削，以为不知何人之计。则其急于择地者，亦植私窥利之一端尔。其设心如是，则获罪于天，而自促其数者多矣。择而无得，与得而倍谬，岂非人理之显著者哉？"

问曰："然则大儒朱子亦有取焉，何也？"

对曰："大贤君子之事，不可以常人类论。古者三月而葬，凡附于棺者，必诚必信，地风、水泉、蝼蚁之为患至深，善腐速朽之藏，如委弃于壑。盖时有定制，民无得而遗焉。皆昔人知之，而无可奈何者。伊川程子谓死者安则生人安，乃自后世择地而言。其自然之应尔。朱子之葬必择地，亦曰为所得为以自尽。夫必诚必信之道，而不失程子之意云尔。然而君子之泽，未尝有加于报施之常，则其托斯事于季通氏者，又岂有所歆羡，期必也哉！固非可与常人类论也。"

问者又曰："死葬者，生人之所必有，而大儒君子所为，乃后世二标准也。故世之论葬地者，必以朱子为口实，则仁人孝子之葬其亲地，不可无择也明矣。今物理之难明者既如彼，而得失之悬于天者又如此，则所谓为其得为以尽，其必诚必信之道者，将何自而可邪？"

对曰："死葬以礼祭之，以礼敛手足，形还之葬，与葬以天下一也。故丧具称家之有无，夫吉地之难得，岂特丧具之费而已哉！先王制礼，致严于庙，以尽人鬼之情。而藏魄于幽，以顺反原之变。其处此固有道矣。积善有余庆，积不善有余殃。秦不及期，周过其历，祈天永命，归于有德，而心术之坏，气数随之，此必然之理也。圣贤岂欺我哉。学士大夫秉礼以葬亲，本仁以厚德，明理以择术，得失之际，观乎时义而无所容心，则庶乎不悖于性命之常，而无憾于慎终之教矣。岂非先哲之志，而君子之道哉！"

又问曰："然则孝经所谓卜其宅兆，而安厝之者，果为何事？而前辈为中原土厚水深地可不择，江南水土浅薄，不择之患，不可胜道，则将奈何？"

对曰："圣人之心，吉凶与民同患也。而不以独智先群物，故建元龟泰筮，以为生民立命，而窀穸之事，亦得用焉。岂以偏方地气之不齐，而强人以所难知者哉！且江南之林林总总、生生化化者，无有穷时。而地之可葬者，有时而尽也。又安得人传景纯之说，而家有杨廖之师哉。夫道不足以公天下，法不足以关后世，而垂训者未之闻也。虽然有一于此，《葬书》所谓势来形止，地之全气者，诚未易言。若夫童断过独，空缺旷折，水泉砂砾，凶宅之速灭亡者，固有可避之道也。大山、长谷、回溪、复岭之中，岂无高平深厚之地，可规以为族葬者？虽鬼福之应无，及于人而盛衰之常，得以尽其天分。辟如有病不治，常得中医，其视委之庸巫，听其贪戾妄作，冥暗颠覆于一杯之壤，而不自知者，则大有径庭矣。"

昔人谓误解《本草》为生人之祸，今《葬术》岂轻于《本草》？然药饵得失，见于目前。而葬地吉凶，每存身后。故未有能稽终知弊者也。事有关于送终之大节，儒先君子有所不废，而流俗因仍，未能极其表里精粗之蕴，与夫得失之由，故作《葬书问对》。

《风水选择》序

前 人

叙曰：风水选择，术数也。读书而为术数之学，诚以养生送死之事，皆人所不能无者。顾其论如此而后为善也。今之君子，多拒而不信，或视为末节而不为。一旦而有大故，则思奉祖考以安开创，以居子孙，则思无穷之泽，皆不敢苟且耳。而托之术士，术士又多浅见薄识之人，得陶书者为陶，得郭书者为郭，得杨曾之书者为杨曾。其书真伪纯驳，皆未之辨，是以淫巫瞽史遍天下，而仓卒急遽竟不暇于择焉。而托之其不贻害于先，流祸于后也几希。是以无怪寿夭、贤愚、贫富、贵贱，先后之不伦也。予为论说，正以定诸家之真伪纯驳耳。要之风水之说，必求山水之相向，以生地中之气，气之聚散，初未易以形迹指陈，所谓精光时露一分者也。辟则修养之法，积善生液，炼液生气，以长生者矣。盖气液犹山水也，积之炼之，而七返九还，以成丹者，疑即相向以生地中之气也。此理岂术士之可贵乎！若乃年月日时之择，又贵乎五行之生克制化，皆合其法则顺布迭行，地平天成，万物化生矣。一或少差，则五行汨陈，吉地亦焉用哉。譬烧炼之家，养砂养汞，得火候者为宝，否则为器。风水，犹砂与汞，而年月日时，疑其火候之说与？故曰：山川有小节之疵，不减真龙之厚福，年月有一端之失，反为吉穴之深殃。凡此皆阴阳家之大者，同归而殊途也。徐子平命法，其旺行官，运衰遇印乡者，疑亦年月日时之泄强补弱也。伏羲圣人之画卦，所谓阳卦多阴，阴卦多阳，与其揲蓍之法，取二奇一偶为阴爻，二偶一奇为阳爻者，疑又风水之阳来阴受，阴来阳作也。至于风水以气为主，是以多坐虚而向实，则犹礼宗子法，必以适长为正体，支子虽贵且长，亦不敢以统其族而承乎祖考也。选择之干轻于支，月重于年与日时者，亦犹是焉。是以善于风水者，宁脱脉而就气，不脱气而就脉。其巧于选择者，亦专力于五行之生克制化，而神煞之纷纭舛错，驾御使为我用，正如鼓琴之散其七弦，而后合乎一弦之六，二弦之七，三弦之八，四弦之九，五弦之十，使相和焉。至于五音之宫浊，而商少清，羽清而徵少浊，与角之清浊相半者，初非有优劣也。是即风水之金圆而清，土言而浊，火尖而锐，木直而耸，水曲而柔。与选择之水成润下，火成炎上，木成曲直，金成从革，土成稼穑者，皆未可以优劣分焉。是阴阳之统领乎百家也。予为阴阳定论矣。别为地理问答，倒杖秘诀，周氏选择集要，善其术而为之谋。然风水之美恶，年月日时之吉凶，虽有术之善与不善，其幸而遇其善，与不幸而遇其不善者，则固有使之者，不能强之以力也。古人有见于此，行法俟命，又必决于卜筮，卜法不传久矣。爰述揲别为河洛占法，三者相参而成也。

《风水问答》序

（明）胡　翰

朱君彦修，故文懿先生之高弟子也。少读书，从先生游最久，尝有志当世充赋，有司不合，退而业医，犹幸其濡沫及人也。著书数万言，曰《格致论》，人多传之。而君之医，遂名海右。又以阴阳家多忌讳，不知稽诸古也，复著书数千言曰风水问答。书成示余双溪之上，推其用心可谓至矣。《易》曰：仰以观于天文，俯以察于地理，天确然在上，其文著矣。地隤然在下，其理微矣。著者观之，微者察之，知乎此者，知乎幽明之故。非圣人孰与焉。而汉魏以来言地理者，往往溺于形法之末，则既失矣。至其为书，若宅经、葬经之属，又多秘而亡逸不传，则失之愈远矣。朱君力辨之，以为人之生也，合宗族以居，为宫室以处，审曲面势，得则吉，不得则凶。其理较然，及其死也，祖宗之神，上参于天；举而葬者，枯骨耳。积岁之久，并已朽矣，安知祸福于人，贵贱于人，寿夭于人哉。故葬不择地，而居必度室，据往事以明方今，出入诗书之间，固儒者之言也。昔者先王辨方正位，体国经野，土宜之法，用之以相民宅，土圭之法，用之以求地中。皆为都邑宫室设也。而冢人墓大夫之职，公墓以昭穆，邦墓以族葬，借欲择之其兆域，禁令孰得而犯之，以是知君之言为得也。惜其书不见于二百年之前。绍兴山陵改卜之议，晦庵朱子以忠贾祸，夫以一世豪杰之才，千古圣贤之学，萃乎其人，观于天下之义理多矣。而笃惟蔡元定之说是信者，果何也哉？吾邦自胡文定公得朱子之学于勉斋，四传而为文懿君受业先生之门，计其平日之所讨论，亦尝有及于斯乎。不然则是书成于先生未易箦之日，必能正其说，传信于人，而顾使翰得而读之，岂知言哉。且翰先人之葬，今十年矣，襄事之初，匍匐将命而不暇择，尝惕然于先儒土厚水深之言，于是得君之书，欣然如获拱璧。昔里有余祯者，以是术游江河间，邵安虞公深敬信之，其著书曰地理十准，虞公称其有得于管辂王吉之传，力诋曾杨之非，而不悟指蒙，非辂所作，则与翰同一惑也。书之于篇，朱君幸其终有以教之。

辨惑论

罗虞臣

或问："风水之说何如？"曰："邪术惑世以愚民也。""今缙绅之士，尚崇信而不变，何也？""其贪鄙固于求利之为尔。"博士吕才曰："葬者，藏也。欲使人不见也。然复土事毕，长为感慕之所。窀穸礼终，永作魂神之宅。朝市迁变，岂得先测于将来。泉石交侵，不可见知于地下。是以谋及龟筮，庶无后难，斯乃备于慎终之礼，曾无吉凶之义。"暨于近代以来，乃有阴阳葬法，或选年月便利，或量墓田远近，筮者贪其货贿，擅兴利害，遂令葬书之术，百有余家，各说吉凶，拘而多忌。夫天地备乾坤之理，刚柔详消息之义，成于昼夜之道，感于男女之化，斯乃阴阳大经之说也。至丧葬吉凶，乃附此为妖，安传曰诸侯之葬五月，大夫经时，士则逾月，盖其贵贱不同，礼亦异数。故先期而葬谓之不怀，后期不葬讥之殆礼，此则葬之不择年月日可考也。春秋书丁巳葬定公。雨不克葬。戊午襄事，孔子善之。今检葬书以己亥之日用葬最凶。谨按春秋之际，此日葬者凡一十余人。此则葬不择日可考也。《记》曰："周大事用平旦，殷用日中，夏用昏时。"郑元曰：大事者，丧葬也。斯但直取当时所尚耳。郑子产葬简公于时，司墓，大夫室当葬路。坏其室，平明而崩。不坏，则日中而崩。子产不欲坏室。子太叔曰："若待日中，恐久劳诸侯来会葬者。"国之大事，无过丧葬，乃不问时之早晚，唯论人事可否，此则葬不择时可考也。人之禄位隆炽，多缘厚德；贫贱夭绝，必有恶积。是知获庆在人，丘陇无与。诞者不然，闻有富贵之人于此，则归福茔冢，曰某形某徵；闻有贫贱之人于此，则曰此葬之罪，信如斯言。多财力足，可以肆为不善，及其死也，求善地以能免子孙于祸可矣。古之葬者，同一兆域，靡拘垄脉。故赵氏之葬亚布九原，汉之山陵，散列诸处，上利下利，蔑尔不论。乃其子孙富贵，或与三代同风，或分六国而王。五姓之义，大无稽古吉凶之理。从何而生，且人臣名位，进退无常，有初贱而后贵，或始泰而终否，子文三已令尹，展禽三黜士师，何知卜筮一定便不回改。冢墓既成，曾不革易，野俗无识，皆信《葬书》。巫者诳其吉凶，愚人因而侥幸。遂使擗踊之际，择葬地而希官品。荼毒之秋，选葬时以窥财禄。或云辰日不宜哭，泣遂莞尔而受吊；或云同属忌于临圹，乃吉服不送其亲。而圣人设教范俗之本义亡矣。盛衰消长之变，虽圣智无能推移，故富贵可遇而不可求，盖人道秘而神功不可测者也。诸氏百子，未敢易此，而葬书独曰神功可夺，天命可改，世俗溺其言，将谓术能胜天，则凡人事是非得失之细，倒置伏制，以遂其私，鬼蜮人心，浸淫胶固，殆难言矣。善乎。范史之言曰：吴雄葬母，丧事趣办，不问时日。营人所不封土，人云当族灭。而雄不顾，乃能致位。司徒庆延孙子三世廷尉，为法名家；而陈伯敬持身唯谨，行路闻凶，解驾留止，还触归忌，则寄宿乡亭，终不免于坐法诛死。儒者称为格论，自有乘气受荫之说，遂祸以福本于枯骨，坏土夺权于造化，故舍人事信鬼神，求福利，而暴亲丧泥于分房，骨肉化为寇雠。既葬而迁徙，魂灵忍于摇动，盖将启天下以灭伦之祸甚哉！邪说之毒，人也过于猛兽。夫君子之葬其亲也，得其地无童断，无独缺，无旷折，无污湿砂砾之凶，以安体魄，犹生而得居室之美，以乐其志，斯其义之大者。乃欲缘之窥利，岂非惑乎。余悲宗人未葬，远者至二世，近者或十余年，此非其子孙贪鄙心胜，乃拘于阴阳忌讳之说哉，故采于此篇，谓其文辞颇有所讥刺也，并论次其卒之年月，庶乎览者有所感怆云尔。

风水辨

项 乔

或问："葬地风水之说，子信之乎？"

予应之曰："葬送终大事也。人子之事亲，舍是无以用其力矣。故卜宅安厝，自天子达于庶人，古今共之，必亲之体魄安，庶人子之心安。予非尽人之子欤，而独不信之乎？但所谓风者，取其山势之藏，纳土色之坚厚，不冲冒四面之风，与无所谓地风者也。所谓水者，取其地势之高燥，无使水近夫亲肤而已。若水势曲屈而环向之，又其第二义也。程子所谓务令其后不为城郭，不为道路，不为沟池，不为耕犁所及，不为贵豪所夺，其义已明且尽矣。予安得不信之乎？"

曰："然则风水荫应之说，子亦信之乎？"

曰："吾闻之矣。死生有命，富贵在天。仁人者，正其谊不谋其利，明其道不计其功。人子之葬其亲，求亲之体魄得安足矣。借使有荫应之说，亦非孝子仁人之所图也。况万万无此理乎！今夫子于父母，生欲美其宫室，死欲安其宅兆，其孝思之心一也。父母之于子，生欲其福利，死而有灵，其冥庇默护之心亦一也。但气聚则生，气散则死，形既朽灭，神亦飘散，复将何物以为子孙荫乎？试以生前论之，重门密室，上箦下簟，人子所以安其亲者至矣。其亲于此而假寐焉，形神尚如故也。厥子孙或近出闾里之间，或远游千里之外，或蒙人笑骂，或被人搆害，其亲亦熟于鼾睡，而不知顾矣，况朽灭之形，飘散之神，而能荫应子孙于数百年之后乎？"

曰："信斯言也。《易》重卜筮，先圣王何以使人敬鬼神，定吉凶也？且斋明盛服，以承祭祀而洋洋如在，又何物使之乎？"

曰："此皆圣人以神道设教耳。其欲天下有报本反始之心，故赫其灵于祭享，而归之实理。若或使之者要其感应，则如木实之相传，实以子孙神气，而会合祖宗之神气，故如或见之，如参前倚衡之说耳。非祖宗真有形象在于其上。在于其左右也。其教人卜筮者，则因理以定数，托蓍龟之神明，使人顺性命之理耳。非谓福可幸求，祸可幸免也。故曰：《易》为君子谋，非为小人谋。若必求荫应之说，则《易》所谓鬼神者，是乃奸究之囊橐也。有是理乎？"

曰："荫应之说在形体，亦有然者。不曰坚土之人刚，息土之人美乎？"

曰："土气之能荫人，犹地道之敏树也。人与树皆天地生气之所在，故在地之生气能荫之，即栽者培之之谓。若朽骨已在倾覆之数，虽天地生生之大德，不能复生之矣。不能复生，而谓其能乘生气以反荫生人，有是理乎？借使有是理也，骨肉朽毙而魂气无不之也，其灵亦不过与其生前等耳。生前虽尧舜之神明，不能庇朱均之子，而谓其死后，反能荫应之乎？是生不如死，人不如鬼，率天下而崇鬼道也。不亦左乎？然则荫应之说，古无有也。有之自郭璞始。璞也《葬书》之设，果自为乎？抑为人乎？如曰自为，则荫应未及其子，而刑戮已及其身矣。岂有拙于自为，而巧于为人乎？然其《书》曰：'葬者，乘生气也。'此人子不忍死其亲之意，吾无容议也。其曰'铜山西崩，灵钟东应'，则本东方朔滑稽之说。当时孰有亲见其事而耳闻之者？朔尝谓蟠桃三千年一开花，三千年一结子，朔已得三偷焉。亦将谓朔之言为足信乎？又谓：'木华于春，栗芽于室，如人受体于父母，本骸得气，遗体受荫似也。'然华于春者，生木也；芽于室者，生栗也。使朽木在山而腐，栗在室亦安，能乘春气而复华复芽？此亡骸之不足以荫遗体，彰彰明矣。借使足以荫焉，则一父或生数子，皆遗体也，而或荫或不荫，又何说以通之？"

或又曰："子不见磁石之能翕铁，暴骨之能渗血，一气有感通之理乎？"

曰："气感通，如磁石于针固也，然石之于针，能翕之而已，果能化小为大，化轻为重，如所谓鬼福之能及人乎？"

或曰："吾见某家葬地，善其子孙，见当昌盛。某家不善其子孙，见当衰微。如影响之应形声多矣。子独不信之乎？"

曰："盛衰有相寻之理，天地亦有终穷之时，此适逢其会焉耳。非葬地之故也。有违礼而火化、水化，其祖宗无葬地，亦或有昌达者矣。则何居昔之善择形胜以建都，比崩遂葬于是者，莫如尧、舜、禹、汤、文、武之为盛。然尧都平阳，舜都蒲坂，禹都安邑，汤都亳，文武都镐京，都洛，当其都会之初，人固以为山川之灵应矣。至今山川尚无恙也，其子孙不复见有禹、汤、尧、舜、文、武,之再出,又将谁诿乎?"

或曰:"此则天地之大数也。姑舍是而以小者论之。宽闲之野,多村落焉。或风气环抱,则烟火相望,或山川散逸,则四顾寂寥,历历可指数也。而子不信之乎?"

曰:"此生地能萌生人,予前已言之矣。然又有说焉,村落虽有美恶,其初原未尝有人也。及人见村落环抱,乃相率而居之,而成村落。或遂村落能萌人也?子何疑于是乎?大抵山川各有旺气,随方随时而迁转,不可执著者也。当其气之方会,虽海上无人之境,亦足以生人,不必青龙、白虎、朱雀、元武之相凑合也。及气之衰,虽名山大川,通都巨镇之形胜,而或变为荒莽无用之区矣。人之贫贱、富贵、死生、寿夭,要皆关于气运之隆替,此理之常,无足怪者。若谓由土萌焉,是上天之命反制于一抔之土,谓有地理而无天理可乎?故谓某地时乘生气则可,谓某地必龙虎凑合而后能乘生气则不可。谓某地时乘生气而以安亲之体魄则可,谓某地能乘生气活白骨以萌子孙则不可。然此龙虎之说,施诸东南,犹有山川之可据,若北方一望坦然,虽公侯伯之祖垄,同一土馒头也。孰藏风,孰止水,孰为龙,孰为虎,孰为朱雀、元武哉?或者又以土之稍高者为山,下者为水,是求其说而不得,又从而为之辞也。"

或曰:"子之言详矣。则吾既得闻命矣。胡程子大儒也。谓培其根而枝自茂。朱子大儒也,兆二亲于百里之远,而再迁不已。子以程朱为不足法乎?"

曰:"程朱,信大儒也。然以其事其言论之,则亦何能无疑。其曰:地之善者,则其神灵安,子孙盛。若培其根,而枝叶自茂。不知所谓根者,果有生气乎?抑既朽者乎?如曰既朽之根,而培之以求枝叶之茂,不可得矣。兆二亲于百里之远,而再迁不已,谓朱子纯孝之心,惟恐一置其亲于不善之地可矣。若谓缘此求萌,恐非圣贤正谊明道之本心也。况生则同室,死则同穴,终古以来,未之有改也。使二亲而有灵,夫岂安于百里之睽离,而不抱长夜之恨乎。其所以屡迁者,或亦借以求萌焉耳。呜呼其求之也力矣。何后世子孙受萌不过世袭五经博士而已。岂若孔子合葬于防,崇封四尺,未尝有意萌应之求,而至今子孙世世为衍圣公耶?是故萌应之说,本不难辨,奈何聪明智巧者,既授程朱以为口实,其冥顽者,又附和而雷同焉。宜其说之炽行于后世也。自生民以来，未有盛于孔子事亲，如孔子足以立人极矣。不师孔子而必师程朱可乎？虽然程朱实善学孔子者，其嘉言善行，足以佑启后世者多矣。此特贤者之过，偶一之失耳。率其素履，而略其一节，又岂非善学程朱者乎？"

或曰："程朱不忍以朽骨视其亲，故示人培植而极力以迁移之，子无乃忍死其亲而不得为孝乎？"

曰："事亲不可不孝，论理不可不详，不以便安其亲，而动求利其子孙，或贪地而暴柩，或争地以破家，或兄弟惑于某山某枝之说，而反为仇雠，至有终身累世不葬，遂失尸柩，不知其处者。吾惧天下后世之无孝子也。故忧之深，而言之切，虑之远而说之详耳。"

或又曰："如子之论，皆粗迹，皆常理也。荫应之理，不疾而速，不行而至。莫知其然之谓神，是岂可以粗迹求常理定乎？"

曰："道器不相离，中庸不可逾。君子言近而指远者，正谓理之常求，窈冥茫昧不可测度之说。以骇人听闻，眩人心志，在王法之所必诛，圣贤之所不赦，而可以为天下法乎？圣而不可知之之谓神，曰不疾而速，不行而至者，正谓由此常理而行之，以至于熟，则有莫知其然而然者耳。若舍常理而别求其神，是即所谓怪也。怪孔子所不语奇中焉，人皆信之矣。不如此，即子产所谓是亦多言，岂不或信者也。安可执一以御万乎？虽然舍常理以谈神怪，固非所以率人修常理以光祖宗，独不足以求荫乎？《易》曰：'积善之家，必有余庆。'言祖宗有正荫也。《诗》曰：'无念尔祖，聿修厥德。永言配命，自求多福。'言自修当获正荫也。此则程朱各有注疏，吾辈不可一日不讲求者。乃圣贤之信之乎？然术家语涉怪诞，而或正传，古今之定理，不假葬地而响应者也。近世有识者，又谓风水可遇而不可求，其意盖谓风水荫应，借使有之，亦惟孝子仁人能承受之，而非可以力求者，此纳约自牖之说，以意逆志，是为得之。"问者曰："噭唯。"

王充《论衡》

四讳篇

俗有大讳四。一曰讳西益宅。西益宅谓之不祥。不祥必有死亡。相惧以此，故世莫敢西益宅，防禁所从来者远矣。《传》曰：鲁哀公欲西益宅，史争以为不祥。哀公作色而怒，左右数谏而弗听，以问其傅宰质睢曰：吾欲西益宅，史以为不祥，何如？宰质睢曰：天下有三不祥，西益宅不与焉。哀公大说。有顷，复问曰：何谓三不祥？对曰：不行礼义，一不祥也。嗜欲无止，二不祥也。不听规谏，三不祥也。哀公缪然深惟，慨然自反，遂不益宅。令史与宰质睢止其益宅，徒为烦扰，则西益宅祥与不祥未可知也。令史、质睢以为西益宅审不祥，则史与质睢与今俗人等也。夫宅之四面皆地也，三面不谓之凶，益西面独谓不祥，何哉？西益宅何伤于地体，何害于宅神？西益不祥，损之能善乎？西益不祥，东益能吉乎？夫不祥必有祥者，犹不吉必有吉矣。宅有形体，神有吉凶，动德致福，犯刑起祸。今言西益宅谓之不祥，何益而祥者？且恶人西益宅者，谁也？如地恶之，益东家之西，损西家之东，何伤于地？如以宅神不欲西益，神犹人也，人之处宅欲得广大，何故恶之？而以宅神恶烦扰，则四面益宅，皆当不祥。诸工伎之家，说吉凶之占，皆有事状。宅家言治宅犯凶神，移徙言忌岁月，祭祀言触血忌，丧葬言犯刚柔，皆有鬼神凶恶之禁，人不忌避，有病死之祸。至于西益宅，何害而谓之不祥？不祥之祸，何以为败？实说其义，不祥者义理之禁，非吉凶之忌也。夫西方，长老之地，尊者之位也。尊长在西，卑幼在东。尊长，主也。卑幼，助也。主少而助多，尊无二上，卑有百下也。西益主益，主不增助，二上不百下也。于义不善，故谓不祥。不祥者，不宜也，于义不宜未有凶也。何以明之？夫墓，死人所藏。田，人听饮食。宅，人所居处，三者于人，吉凶宜等。西益宅不祥，西益墓与田不言不祥。夫墓，死人所居，因忽不慎。田，非人所处，不设尊卑。宅者，长幼所共，加慎致意者，何可不之讳？义祥于宅，略于墓与田也。

难岁篇

俗人险心，好信禁忌，知者亦疑，莫能实定。是以儒雅服从，工伎得胜。吉凶之书，伐经典之义，工伎之说，凌儒雅之论。今略实论，令亲览总核是非，使世一悟。移徙法曰："徙抵太岁凶，负太岁亦凶。抵"太岁名曰岁下，负太岁名曰岁破，故皆凶也。假令太岁在甲子，天下之人皆不得南北徙，起宅嫁娶亦皆避之；其移东西，若徙四维，相之如者皆吉。何者？不与太岁相触，亦不抵太岁之冲也。实问：避太岁者何意也？令太岁恶人徙乎，则徙者皆有祸。令太岁不禁人徙，恶人抵触之乎？则道上之人南北行者皆有殃。太岁之意犹长吏之心也。长吏在涂，人行触车马，于其吏从，长吏怒之，岂能抱器载物、去宅徙居触犯之者而乃责之哉！昔文帝出，过霸陵桥，有一人行逢车驾，逃于桥下，以为文帝之车已过，疾走而出，惊乘舆马。文帝怒，以属廷尉张释之，释之当论。使太岁之神行若文帝出乎，则人犯之者，必有如桥下走出之人矣。方今行道路者，暴溺仆死，何以知非触遇太岁之出也。为移徙者又不能处，不能处则犯与不犯未可知，未可知则其行与不行未可审也。且太岁之神审行乎，则宜有曲折，不宜直南北也。长吏出舍，行有曲折。如天神直道不曲折乎，则从东西四维徙者，犹干之也。若长吏之南北行，人从东如西，四维相之如，犹抵触之。如不正南北，南北之徙又何犯。如太岁不动行乎，则宜有宫室营堡，不与人相见，人安得而触之？如太岁无体，与长吏异，若烟云虹蜺直经天地，极子午南北陈乎？则东西徙。若四维徙者，亦干之。譬若今时人行，触繁雾蛾气，无从横负乡皆中伤焉。如审如气，人当见之。虽不移徙，亦皆中伤。且太岁，天别神也，与青龙无异。龙之体不过数千丈。如今神者宜长大，饶之数万丈，令体掩北方，当言太岁在北方，不当言在子。其东有丑，其西有亥，明不专掩北方，极东西之广，明矣。令正言在子位触土之中，直子午者，不得南北徙耳。东边直丑巳之地，西边直亥未之民，何为不得南北徙？丑与亥地之民，使太岁左右通得南北徙及东西徙，可则丑在子东，亥在子西，丑亥之民东西徙，触岁之位；巳未之民东西徙，忌岁所破。儒者论天下九州，以为东西南北尽地广长。九州之内五千里，竟三河土中。周公卜宅，经曰："王来绍上帝，自服于土中。"雒则土之中也。邹衍论之，以为九州之内五千里，竟合为一州，在东东位，名曰赤县神州。自有九州者九焉，九九八十一，凡八十一州。此言殆虚，地形难审。假令有之，亦一难也。使天下九州如儒者之议，直雒邑以南，对三河以北，豫州、荆州、冀州之部有太岁耳，雍、梁之间，青、兖、徐扬之地，安得有太岁？使如邹衍之论，则天下九州在东南位，不直子午，安得有太岁？如太岁不在天地极，分散在民间，则一家之宅，辄有太岁。虽不南北徙，犹抵触之。假令从东里徙西里，西里有太岁，从东宅徙西宅，西宅有太岁，或在人之东西，或在人之南北，犹行途上，东西南北皆逢触人。太岁位数千万亿，天下之民，徙者皆凶，谓移徙者何以审之？如审立于天地之际，犹王者之位在土中也。东方之民，张弓西射，人不谓之射王者，以不能至王者之都，自止射其处也。今徙岂能北至太岁位哉！自止徙百步之内，何为谓之伤太岁乎！且移徙之家禁南北徙者，以为岁在子位，子者破午，南北徙者抵触其冲，攻谓之凶。夫破者，须有以椎破之也。如审有所用，则不徙之民皆被破害；如无所用，何能破之？夫雷，天气也。盛夏击折，折木破山，时暴杀人。使太岁所破若迅雷也，则声音宜疾，死者宜暴，如不若雷，亦无能破。如谓冲抵为破，冲抵安能相破？东西相与为冲，而南北相与为抵。如必以冲抵为凶，则东西常凶，而南北常恶也。如以太岁神其冲独凶，神莫过于天地，天地相与为冲，则天地之间无生人也。或上十二神登明，从魁之辈，工伎家谓之皆天神也。常立子丑之位，俱有冲抵之气，神虽不若太岁，宜有微败。移徙者虽避太岁之凶，犹触十二神之害。为移徙时者何以不禁？冬气寒，水也，水位在北方。夏气热，火也，火位在南方。案秋冬寒，春夏热者，天下普然，非独南北之方水火冲也。今太岁位在子耳，天下皆为太岁，非独子午冲也。审以所立者为主，则午可为大夏，子可为大冬。冬夏南北徙者，可复凶乎？立春，艮王震相，巽胎离没，坤死兑囚，乾废坎休。王之冲死，相之冲囚，王相冲位，有死囚之气。乾坤六子，天下正道。伏羲、文王象以治世，文为经所载，道为圣所信，明审于太岁矣。人或以立春东北徙，抵艮之下，不被凶害，太岁立于子，彼东北徙，坤卦近于午，犹艮以坤，徙触子位，何故独凶？正月建于寅，破于申，从寅申徙，相之如者无有凶害。太岁不指午，而空曰岁破，午实无凶祸，而虚禁南北，岂不妄哉！十二月为一岁，四时节竟，阴阳气终，竟复为一岁，日月积聚之名耳。何故有神而谓之立于子位乎？积分为日，累日为月，连月为时，纪时为岁。岁则日月时类也。岁而有神，日月时亦复有神乎？千五百三十九为一统，四千六百一十七岁为一元。岁犹统元也，岁有神，统元复有神乎？论之以为无。假令有之，何故害人？神莫过于天地，天地不害人。人谓百神，百神不害人。太岁之气，天地之气也。何憎于人，触而为害？且文曰："甲子不徙。"言甲与子殊位，太岁立子不居甲，为移徙者运之，而复居甲，为之而复居甲，为移徙时者，亦宜复禁东西徙。甲与子钧，其凶宜同。不禁甲而独忌子，为移徙时者，竟妄不可用也。人居不能不移徙，移徙不能不触岁，不触岁不能不得时死。工伎之人，见今人之死，则归祸于往时之徙。俗心险危，死者不绝，故太岁之言，传世不灭。

诘术篇

图宅术曰："宅有八术，以六甲之名数而第之，第定名立，宫商殊别。宅有五音，姓有五声，宅不宜其姓，姓与宅相贼，则疾病死亡，犯罪遇祸。"诘曰：夫人之在天地之间，万物之贵者耳。其有宅也，犹鸟之有巢，兽之有穴也。谓宅有甲乙，巢穴复有甲乙乎？甲乙之神独在民家，不在鸟兽何？夫人之有宅，犹有田也。以田饮食，以宅居处，人民所重，莫食最急，先田后宅，田重于宅也。田间阡陌，可以制八术，比土为田，不可以数甲乙，甲乙之术独施于宅，不设于田。何也？府廷之内，吏舍比属，吏舍之形制，何殊于宅？吏之居处，何异于民？不以甲乙第舍，独以甲乙数宅，何也？民间之宅，与乡亭比屋相属，接界相连，不并数乡亭，独第民家，甲乙之神，何以独立于民家也？数宅之术行市亭，数巷街以第甲乙。入市门曲折，亦有巷街。人昼夜居家，朝夕坐市，其实一也。市肆户何以不第甲乙？州郡列居，县邑杂处，与街巷民家何以异？州郡县邑何以不数甲乙也。天地开辟有甲乙邪？后王乃有甲乙。如天地开辟，本有甲乙，则上古之时，巢居穴处，无屋宅之居、街巷之制，甲乙之神皆何在？数宅既以甲乙，五行之家数日亦当以甲乙。甲乙有支干，支干有加时。支干加时，专比者吉，相贼者凶。当其不举也，未必加干忧支辱也。事理有曲直，罪法有轻重，上官平心原其狱状，未有支干吉凶之验，而有事理曲直之效，为支干者何以对此？武王以甲子日战胜纣，以甲子日战负，二家俱期，两军相当，旗帜相望，俱用一日，或存或亡。且甲与子专比，昧爽时加寅，寅与甲乙不相贼，武王终以破纣，何也？日，火也。在天为日，在地为火。何以验之，阳燧乡日，火从天来。由此言之，火，日气也。日有甲乙，火无甲乙，何日十而辰十二？日辰相配，故甲与子连，所谓日十者，何等也？端端之日有十邪？而将一有十名也？如端端之日有十，甲乙是其名，何以不从言甲乙，必言子丑？何日廷图甲乙有位，子丑亦有处，各有部署，列布五方，若王者营卫，常居不动；今端端之日中行，旦出东方，夕入西方，行而不已，与日廷异，何谓甲乙为日之名乎？术家更说日甲乙者，自天地神也。日更用事，自用甲乙胜负为吉凶，非端端之日名也。夫如是，于五行之象，徒当用甲乙决吉凶而已，何为言加时乎？案加时者，端端之日也。端端之日安得胜负？五音之家，用口调姓名及字，用姓定其名，用名正其字。口有张歙，声有外内，以定五音宫商之实。夫人之有姓者，用禀于天，天得五行之气为姓邪？以口张歙声外内为姓也。如以本所禀于天者为姓，若五谷万物禀气矣，何故用口张歙、声内外定正之乎？古者因生以赐姓，因其所生赐之姓也。若夏吞薏苡而生，则姓苡氏，商吞燕子而生，则姓为子氏，周履大人迹，则姬氏。其立名也，以信、以义、以像、以假、以类。以生名为信，若鲁公子友生，文在其手曰"友"也。以德名为义，若文王为昌，武王为发也。以类名为像，若孔子名丘也、取于物为假，若宋公名杵曰也。取于父为类，有似类于父也。其立字也，展名取同义，名赐字子贡，名予字子我。其立姓则以本所生，置名则以信、义、像、假、类，字则展名取同义，不用口张歙、外内。调宫商之义为五音术，何据见而用？古者有本姓，有氏姓。陶氏、田氏，事之氏姓也；上官氏、司马氏，吏之氏姓也；孟氏、仲氏，王父字之氏姓也。氏姓有三：事乎，吏乎，王父字乎？以本姓则用所生，以氏姓则用事吏；王父字，用口张歙调姓之义何居？北裔之俗，有名无姓字，无与相调谐，自以寿命终，祸福何在？礼，买妾不知姓则卜之，不知者，不知本姓也。夫妾必有父母家姓，然而必卜之者，父母姓转易失实，礼重取同姓，故必卜之。姓徒用口调谐姓族，则礼买妾何故卜之！

图宅术曰："商家门不宜南向，徵家门不宜北向。"则商金，南方火也；徵火，北方水也。水胜火，火贼金，五行之气不相得，故五姓之宅门有宜向。向得其宜，富贵吉昌，向失其宜，贫贱衰耗。夫门之与堂何以异？五姓之门，各有五姓之堂，所向无宜何？门之掩地，不如堂庑，朝夕所处，于堂不于门。图吉凶者，宜皆以堂。如门，人所出入，则户亦宜然。孔子曰："谁能出不由户？"言户不言门。五祀之祭，门与户均。如当以门正所向，则户何以不当与门相应乎？且今府廷之内，吏舍连属，门向有南北；长吏传舍，间居有东西。长吏之姓必有宫商，诸吏之舍必有徵羽。安官迁徙，未必角姓门南向也，失位贬黜，未必商姓门北出也，或安官迁徙，或失位贬黜何？姓有五音，人之质性亦有五行。五音之家，商家不宜南向门，则人禀金之性者，可复不宜南向坐、南行步乎？一曰五音之门，有五行之人，假令商姓口食五人，五人中各有五色，木人青，火人赤，水人黑，金人白，土人黄。五色之人，俱出南向之门，或凶或吉，寿命或短或长，凶而短者未必色白，吉而长者未必色黄。五行之家何以为决？南向之门，贼商姓家，其实如何？南方火也，使火气之祸，若火延燔，径从南方来乎，则虽为北向门犹之凶也。火气之祸，若夏日之热，四方洽浃乎，则天地之间皆得其气，南向门家何以独凶？南方火者，火位南，乃一曰其气布在四方，非必南方独有火，四方无有也。犹水位在北方，四方犹有水也。火满天下，水辨四方。火或在人之南，或在人之北。谓火常在南方，是则东方可无金，西方可无水乎？

堪舆杂录

《论衡·异虚篇》：且从祖已之言，雉来吉也。雉伏于草野之中，草覆野，鸟之形，若人民处草庐之中，可谓其人吉而庐凶乎。

《詶时篇》：太岁在子，子宅直符，午宅为破，不须兴工起事，空居无为犹被其害。今岁所食，待子宅有为，已酉乃凶。太岁，岁月之神，用罚为害，动静殊致，非天从岁月神意之道也。

《隋书·经籍志》：《宅吉凶论》三卷，《相宅图》八卷，《五姓墓图》一卷。《梁有冢书》、《黄帝葬山图》各四卷。《五音相墓书》五卷。《五音图墓书》九十一卷。《五姓图山龙》及《科墓葬》不传，各一卷。《杂相墓书》四十五卷。

《宋史·艺文志》：《地理观风水歌》一卷。《阴阳相山要略》二卷。《二宅赋》一卷。《行年起造九星图》一卷。《宅心鉴式》一卷。《相宅经》一卷。《宅体经》一卷。《九星修造吉凶歌》一卷。《阴阳宅歌》一卷。《二宅相占》一卷。《山冈机要赋》一卷。《山冈气象杂占赋》一卷。《五音地理诗》三卷。《五音地理经诀》十卷。《阴阳葬经》三卷。《葬疏》三卷。《堪舆经》一卷。《太史堪舆》一卷。《商绍太史堪舆历》一卷。《黄帝四序堪舆经》一卷。《五音三元宅经》一卷。《阴阳宅经》一卷。《阴阳宅经图》一卷。王澄《二宅心鉴》三卷，又《二宅歌》一卷。《阴阳二宅图经》一卷。《黄帝八宅经》一卷。《淮南王见机八宅经》一卷。《一行库楼经》一卷。《上象阴阳星图》一卷。《金图地鉴》一卷。《地鉴书》三卷。《孙李邕葬范》五卷。《地理六壬六甲八山经》八卷。《地理三宝经》九卷。《五音山冈诀》一卷。《地理经》五卷。《地理正经》十卷。朱仙桃《地理赞》一卷。又《元堂范》一卷。《地理口诀》一卷。僧一行《地理经》十二卷。《黄石公八宅》二卷。《李淳风一行禅师葬律秘密经》十卷。《吕才杨乌子改坟枯骨经》一卷。《曾杨一青囊经歌》二卷。《杨救贫正龙子经》一卷。《王希逸地理秘妙歌诀》一卷。《地理名山异形歌》一卷。《孙膑葬白骨历苏粹明地理指南》三卷。《司空班范越凤寻龙入式歌》一卷。王洙《地理新书》三十卷。刘次庄《青囊本旨论》二十八篇一卷。胡翊《地理脉要》三卷。魏文卿《拨沙经》一卷。李戒《营造法式》三十四卷。《元女墓龙冢山年月》一卷。《元女星罗宝图诀》一卷。《白鹤望山经》一卷。《八山二十四龙经》一卷。《天仙八卦真妙诀》一卷。《黄泉败水吉凶法》三卷。《踏地赋》一卷。《分龙真杀五音吉凶进退法》一卷。《地理澄心秘诀》一卷。《八山穿珠歌》一卷。《山头步水经》一卷。《山头放水经》一卷。《大卦杀人男女法》一卷。《地理搜破穴诀》一卷。《临山宝镜断风诀》一卷。《丛金诀》一卷。《锦囊经》一卷。《玉囊经》一卷。《黄囊大卦诀》一卷。《地理秘要集》一卷。《通元论》一卷。《地理八卦图》一卷。《驻马经》一卷。《活曜修造吉凶法》一卷。《天中宝经知吉凶星位法》一卷。《修造九星法历代史相》一卷。《李仙师五音地理诀》一卷。《赤松子碎金地理经》二卷。《地理珠玉经》一卷。《地理妙诀》三卷。《石函经》十卷。《铜函经》三卷。《周易八龙山水论地理》一卷。《老子地鉴诀秘术》一卷。《五姓合诸家风水地理》一卷。《昭幽记》一卷。《鬼灵经》并《枯骨经》二卷。《唐删定阴阳葬经》二卷。《唐书地理经》十卷。《青乌子歌诀》二卷。

《搜采异闻录》：今世俗营建宅舍，或小遭疾厄，皆云犯土，故道家有谢土司章醮之文。按《后汉书·来历传》所载：安帝时，皇太子惊，病不安寐，幸乳母野王君主圣舍，太子厨监邴吉以为圣舍新缮修，犯土禁，不可久御。然则古有其说矣。

《王氏谈录》：公言昔观孔子墓，视其地之形势，大与今俗深相符。今之术系昔人之所遗耶。

公言昔有一士人病其家数世未葬，亟出钱买地一方。稍近爽垲者，自祖考及缌麻小功之亲，悉以昭穆之次葬之。都无岁、月、日、时、阴阳忌讳与茔穴之法。人且识其易而谓祸福未可知。岁中辄迁官秩，后其家益盛，以此观之，真达者也。今之人稽留葬礼，动且逾纪，邀求不信之福于祖先遗骸，真罪人也。暇日记。李诚明仲言堂屋前要不背三阳。今人家作㾕廊，非也。

《丑庄日记》：浮屠泓师与张说市宅，戒无穿东北隅。他日怪宅气索然，视东北隅，已穿二坎丈余。惊曰：公富贵一世而已。诸子将不终。说将平之。泓师曰：客土无气，与地脉不连，譬身疮痏，补他肉无益也。今之俗师妄言风水者，一遇方隅坎陷，则令补筑增矮，便谓藏风聚气，岂不谬哉！君子无惑焉可也。

《葬度》：古云五害不侵。高山忌石巉岩。平原忌水冲射。土脉膏润，草木畅荣，来龙迢遥，结穴端正，水环沙护，即吉地也。近泥天星卦例方向，不顾龙穴沙水，多斜侧反背为之，主家徼福。不悟也。且亲存享爽垲华居，殁葬形胜吉地，亲体安，子心安矣。若专徼福，则唐宋岂乏吉地耶。何变更也。当不违天甚，毋徇地理。

《五色线神仙图墓记》：葬遇沈冈至二十年，绝世无后。葬遇浮冈，无他灾厄。葬遇飞冈，奕世富贵。

《乐郊私语》：括苍刘伯温多才艺，能诗文，尤善形家言。尝以儒学提举得相见于钱塘，后十年余，刘已解官，复见于海盐之横山把臂道，故至于信宿。谓余曰：中国地脉俱从昆仑来，北龙、中龙，人皆知之。唯南龙一支，从峨嵋并江而东，竟不知其结局处。顷从通州泛海至此，乃知海盐诸山，是南龙尽处。余问何以知之，刘曰：天目虽为浙右镇山，然势犹未止，蜿蜒而来右，束黟浙左，带苕霅直至此州长墙秦驻之间而止，于是以平松诸山为龙，左抱以长江淮泗之水，以庆绍诸山为虎，右绕以浙江曹娥之水，率皆朝拱于此州。而后乘潮东出，前后以朝鲜日本为案，此南龙一最大地也。余问此何人足以当之？曰，非周孔其人不可。然而无有乎尔。吾恐山川亦不忍自为寂寂若此也。

《见闻录》：吾松有谣云：潮到泖出阁老时。徐文贞入相，而泖有潮矣。太仓之潮至仪亭而味斋，顾公以状元相，又潮至娄门；而瑶泉申公，荆石王公大拜矣。吴人至今能道之。乃地师论江南平洋，专取落水为主，以世间之水无不东流耳。然予尝至浦上观董戴二坟，皆赖布衣所定。坟前但有浦潮，而并无西水一滴到堂。盖西水但能从浦入海，而必不能分灌于沿浦沟港者，势也。然则江南葬地竟当重来潮，而不当重去水，此皆《玉尺》所不载。其取潮之法，则《玉尺》所谓"因水立向"，四字尽之矣。

分宜在位日，集天下堪舆家，遍邑中访求吉壤。一人独指一地曰：葬此，子孙尚有拜相者。分宜如某言而启之，有古墓在焉，验其碑，乃严氏远祖也。

《书蕉》：闽越黄拨沙善视墓，画地为图，即知休咎，因号黄拨沙。婺人有世患左目者，问之，曰："祖坟木根伤葬者左目。"发墓果然，出之即愈。

唐顺之《地理论》曰：叩巫卜星相，堪舆之家而问焉。曰吉乎，未必然也。而闻者骤然喜。叩巫卜星相，堪舆常操吉人、凶人、悲人、喜人之权，以奔走乎其人，而其人之吉、凶、悲、喜，一系于巫卜星相堪舆之口，而听焉若是。何也？人情常喜希觊乎其所不可必，而常揣摩乎其所不可知。而术家冯鬼神以自神，故多言而或信，巧发而奇中。操希觊之心，与摩揣之见，而叩之冯鬼神之人，而投之巧发奇中之说。宜其入之深也。诸家之中，其尤炽者曰堪舆，其指画天地，支离五行八卦，奇中之说，尤多而人尤尊之。堪舆家，吾不知其所始。吾意其初本以候土验气，测量水脉，以宁死者。而赞慈孝如是而已。盖未始有鬼荫之说也。自兹说之行，至使子孙露其先人不葬，以待吉地与吉日，致其久而不免于水火者有矣。或取土中数十年之陈骴，非有山崩水啮而好数徙之。甚者，豫章饶歙之间，盗地以葬，往往至于杀人而不止。然则堪舆家之说，吾惧其不为祥而为孽也。夫儒者之论殃，庆归之积善，与恶其说至精，犹或半验半不验，则天道之远也。而谓既朽之骨，丛祸丛福，若呼谷而响答，其亦未必然欤！

周易书斋精品书目

书　　　名	作　者	定　价	版别
影印涵芬楼本正统道藏 ［典藏宣纸版；全512函1120册］	［明］张宇初编	480000.00	九州
影印涵芬楼本正统道藏 ［再造善本；全512函1120册］	［明］张宇初编	280000.00	九州
重刊术藏［全6箱，精装100册］	谢路军郑同主编	68000.00	九州
续修术藏［全6箱，精装100册］	谢路军郑同主编	68000.00	九州
易藏［全6箱，精装60册］	谢路军郑同主编	48000.00	九州
道藏［全6箱，精装60册］	谢路军郑同主编	48000.00	九州
焦循文集［全精装18册］	［清］焦循撰	9800.00	九州
邵子全书［全精装15册］	［宋］邵雍撰	9600.00	九州
子部珍本备要（以下为分函购买价格）		178000.00	九州
001 峋嵝神书	宣纸线装1函1册	280.00	九州
002 地理唊蔗錄	宣纸线装1函4册	880.00	九州
003 地理玄珠精选	宣纸线装1函4册	880.00	九州
004 地理琢玉斧峦头歌括	宣纸线装1函4册	880.00	九州
005 金氏地学粹编	宣纸线装3函8册	1840.00	九州
006 风水一书	宣纸线装1函4册	880.00	九州
007 风水二书	宣纸线装1函4册	880.00	九州
008 增注周易神应六亲百章海底眼	宣纸线装1函1册	280.00	九州
009 卜易指南	宣纸线装1函1册	280.00	九州
010 大六壬占验	宣纸线装1函1册	280.00	九州
011 真本六壬神课金口诀	宣纸线装1函3册	680.00	九州
012 太乙指津	宣纸线装1函2册	480.00	九州
013 太乙金钥匙 太乙金钥匙续集	宣纸线装1函1册	280.00	九州
014 奇门遁甲占验天时	宣纸线装1函2册	480.00	九州
015 南阳掌珍遁甲	宣纸线装1函1册	280.00	九州
016 达摩易筋经 易筋经外经图说 八段锦	宣纸线装1函1册	280.00	九州
017 钦天监彩绘真本推背图	宣纸线装1函2册	680.00	九州
018 清抄全本玉函通秘	宣纸线装1函3册	680.00	九州
019 灵棋经	宣纸线装1函1册	280.00	九州
020 道藏灵符秘法	宣纸线装4函9册	2100.00	九州
021 地理青囊玉尺度金针集	宣纸线装1函6册	1280.00	九州
022 奇门秘传九宫纂要	宣纸线装1函1册	280.00	九州

书　名	作　者	定　价	版别
023 影印清抄耕寸集－真本子平真诠	宣纸线装1函2册	480.00	九州
024 新刊合并官板音义评注渊海子平	宣纸线装1函2册	480.00	九州
025 影抄宋本五行精纪	宣纸线装1函6册	1080.00	九州
026 影印明刻阴阳五要奇书1－郭氏阴阳元经	宣纸线装1函2册	480.00	九州
027 影印明刻阴阳五要奇书2－克择璇玑括要	宣纸线装1函1册	280.00	九州
028 影印明刻阴阳五要奇书3－阳明按索图	宣纸线装1函2册	480.00	九州
029 影印明刻阴阳五要奇书4－佐玄直指	宣纸线装1函2册	480.00	九州
030 影印明刻阴阳五要奇书5－三白宝海钩玄	宣纸线装1函1册	280.00	九州
031 相命图诀许负相法十六篇合刊	宣纸线装1函1册	280.00	九州
032 玉掌神相神相铁关刀合刊	宣纸线装1函1册	280.00	九州
033 古本太乙淘金歌	宣纸线装1函1册	280.00	九州
034 重刊地理葬埋黑通书	宣纸线装1函2册	480.00	九州
035 壬归	宣纸线装1函2册	480.00	九州
036 大六壬苗公鬼撮脚二种合刊	宣纸线装1函1册	280.00	九州
037 大六壬鬼撮脚射覆	宣纸线装1函2册	480.00	九州
038 大六壬金柜经	宣纸线装1函1册	280.00	九州
039 纪氏奇门秘书仕学备余	宣纸线装1函1册	280.00	九州
040 八门九星阴阳二遁全本奇门断	宣纸线装2函18册	3680.00	九州
041 李卫公奇门心法	宣纸线装1函1册	280.00	九州
042 武侯行兵遁甲金函玉镜海底眼	宣纸线装1函1册	280.00	九州
043 诸葛武侯奇门千金诀	宣纸线装1函1册	280.00	九州
044 隔夜神算	宣纸线装1函1册	280.00	九州
045 地理五种秘笈合刊	宣纸线装1函1册	280.00	九州
046 地理雪心赋句解	宣纸线装1函2册	480.00	九州
047 九天玄女青囊经	宣纸线装1函1册	280.00	九州
048 考定撼龙经	宣纸线装1函1册	280.00	九州
049 刘江东家藏善本葬书	宣纸线装1函1册	280.00	九州
050 杨公六段玄机赋杨筠松安门楼玉辇经合刊	宣纸线装1函1册	280.00	九州
051 风水金鉴	宣纸线装1函1册	280.00	九州
052 新镌碎玉剖秘地理不求人	宣纸线装1函2册	480.00	九州
053 阳宅八门金光斗临经	宣纸线装1函1册	280.00	九州
054 新镌徐氏家藏罗经顶门针	宣纸线装1函2册	480.00	九州
055 影印乾隆丙午刻本地理五诀	宣纸线装1函4册	880.00	九州
056 地理诀要雪心赋	宣纸线装1函2册	480.00	九州
057 蒋氏平阶家藏善本插泥剑	宣纸线装1函1册	280.00	九州

书　　名	作　者	定　价	版别
058 蒋大鸿家传地理归厚录	宣纸线装1函1册	280.00	九州
059 蒋大鸿家传三元地理秘书	宣纸线装1函1册	280.00	九州
060 蒋大鸿家传天星选择秘旨	宣纸线装1函1册	280.00	九州
061 撼龙经批注校补	宣纸线装1函4册	880.00	九州
062 疑龙经批注校补一全	宣纸线装1函1册	280.00	九州
063 种筠书屋较订山法诸书	宣纸线装1函2册	480.00	九州
064 堪舆倒杖诀 拨砂经遗篇 合刊	宣纸线装1函1册	280.00	九州
065 认龙天宝经	宣纸线装1函1册	280.00	九州
066 天机望龙经刘氏心法 杨公骑龙穴诗合刊	宣纸线装1函1册	280.00	九州
067 风水一夜仙秘传三种合刊	宣纸线装1函1册	280.00	九州
068 新镌地理八窍	宣纸线装1函2册	480.00	九州
069 地理解醒	宣纸线装1函1册	280.00	九州
070 峦头指迷	宣纸线装1函3册	680.00	九州
071 茅山上清灵符	宣纸线装1函2册	480.00	九州
072 茅山上清镇禳摄制秘法	宣纸线装1函1册	280.00	九州
073 天医祝由科秘抄	宣纸线装1函2册	480.00	九州
074 千镇百镇桃花镇	宣纸线装1函2册	480.00	九州
075 轩辕碑记医学祝由十三科治病奇书合刊	宣纸线装1函1册	280.00	九州
076 清抄真本祝由科秘诀全书	宣纸线装1函3册	680.00	九州
077 增补秘传万法归宗	宣纸线装1函2册	480.00	九州
078 祝由科诸符秘卷祝由科诸符秘旨合刊	宣纸线装1函1册	280.00	九州
079 辰州符咒大全	宣纸线装1函4册	880.00	九州
080 万历初刻三命通会	宣纸线装2函12册	2480.00	九州
081 新编三车一览子平渊源注解	宣纸线装1函3册	680.00	九州
082 命理用神精华	宣纸线装1函3册	680.00	九州
083 命学探骊集	宣纸线装1函1册	280.00	九州
084 相诀摘要	宣纸线装1函2册	480.00	九州
085 相法秘传	宣纸线装1函1册	280.00	九州
086 新编相法五总龟	宣纸线装1函1册	280.00	九州
087 相学统宗心易秘传	宣纸线装1函2册	480.00	九州
088 秘本大清相法	宣纸线装1函2册	480.00	九州
089 相法易知	宣纸线装1函1册	280.00	九州
090 星命风水秘传	宣纸线装1函1册	280.00	九州
091 大六壬隔山照	宣纸线装1函2册	480.00	九州
092 大六壬考正	宣纸线装1函1册	280.00	九州

书　　名	作　者	定　价	版别
093 大六壬类阐	宣纸线装1函2册	480.00	九州
094 六壬心镜集注	宣纸线装1函1册	280.00	九州
095 遁甲吾学编	宣纸线装1函2册	480.00	九州
096 刘明江家藏善本奇门衍象	宣纸线装1函1册	280.00	九州
097 遁甲天书秘文	宣纸线装1函2册	480.00	九州
098 金枢符应秘文	宣纸线装1函2册	480.00	九州
099 秘传金函奇门隐遁丁甲法书	宣纸线装1函2册	480.00	九州
100 六壬行军指南	宣纸线装2函10册	2080.00	九州
101 家藏阴阳二宅秘诀线法	宣纸线装1函2册	480.00	九州
102 阳宅一书阴宅一书合刊	宣纸线装1函1册	280.00	九州
103 地理法门全书	宣纸线装1函1册	280.00	九州
104 四真全书玉钥匙	宣纸线装1函1册	280.00	九州
105 重刊官板玉髓真经	宣纸线装1函4册	880.00	九州
106 明刊阳宅真诀	宣纸线装1函2册	480.00	九州
107 阳宅指南	宣纸线装1函1册	280.00	九州
108 阳宅秘传三书	宣纸线装1函1册	280.00	九州
109 阳宅都天滚盘珠	宣纸线装1函1册	280.00	九州
110 纪氏地理水法要诀	宣纸线装1函1册	280.00	九州
111 李默斋先生地理辟径集	宣纸线装1函2册	480.00	九州
112 李默斋先生辟径集续篇 地理秘缺	宣纸线装1函2册	480.00	九州
113 地理辨正自解	宣纸线装1函1册	280.00	九州
114 形家五要全编	宣纸线装1函4册	880.00	九州
115 地理辨正抉要	宣纸线装1函1册	280.00	九州
116 地理辨正揭隐	宣纸线装1函1册	280.00	九州
117 地学铁骨秘	宣纸线装1函1册	280.00	九州
118 地理辨正发秘初稿	宣纸线装1函1册	280.00	九州
119 三元宅墓图	宣纸线装1函1册	280.00	九州
120 参赞玄机地理仙婆集	宣纸线装2函8册	1680.00	九州
121 幕讲禅师玄空秘旨浅注外七种	宣纸线装1函1册	280.00	九州
122 玄空挨星图诀	宣纸线装1函1册	280.00	九州
123 影印稿本玄空地理筌蹄	宣纸线装1函1册	280.00	九州
124 玄空古义四种通释	宣纸线装1函2册	480.00	九州
125 地理疑义答问	宣纸线装1函1册	280.00	九州
126 王元极地理辨正冒禁录	宣纸线装1函1册	280.00	九州
127 王元极校补天元选择辨正	宣纸线装1函3册	680.00	九州

书　名	作　者	定　价	版别
128 王元极选择辨真全书	宣纸线装1函1册	280.00	九州
129 王元极增批地理冰海原本地理冰海合刊	宣纸线装1函1册	280.00	九州
130 王元极三元阳宅萃篇	宣纸线装1函2册	480.00	九州
131 尹一勺先生地理精语	宣纸线装1函1册	280.00	九州
132 古本地理元真	宣纸线装1函2册	480.00	九州
133 杨公秘本搜地灵	宣纸线装1函1册	280.00	九州
134 秘藏千里眼	宣纸线装1函1册	280.00	九州
135 道光刊本地理或问	宣纸线装1函1册	280.00	九州
136 影印稿本地理秘诀	宣纸线装1函2册	480.00	九州
137 地理秘诀隔山照 地理括要 合刊	宣纸线装1函1册	280.00	九州
138 地理前后五十段	宣纸线装1函2册	480.00	九州
139 心耕书屋藏本地经图说	宣纸线装1函1册	280.00	九州
140 地理古本道法双谭	宣纸线装1函1册	280.00	九州
141 奇门遁甲元灵经	宣纸线装1函1册	280.00	九州
142 黄帝遁甲归藏大意 白猿真经 合刊	宣纸线装1函1册	280.00	九州
143 遁甲符应经	宣纸线装1函2册	480.00	九州
144 遁甲通明钤	宣纸线装1函1册	280.00	九州
145 景祐奇门秘纂	宣纸线装1函2册	480.00	九州
146 奇门先天要论	宣纸线装1函2册	480.00	九州
147 御定奇门古本	宣纸线装1函2册	480.00	九州
148 奇门吉凶格解	宣纸线装1函1册	280.00	九州
149 御定奇门宝鉴	宣纸线装1函3册	680.00	九州
150 奇门阐易	宣纸线装1函2册	480.00	九州
151 六壬总论	宣纸线装1函1册	280.00	九州
152 稿抄本大六壬翠羽歌	宣纸线装1函1册	280.00	九州
153 都天六壬神课	宣纸线装1函1册	280.00	九州
154 大六壬易简	宣纸线装1函2册	480.00	九州
155 太上六壬明鉴符阴经	宣纸线装1函1册	280.00	九州
156 增补关煞袖里金百中经	宣纸线装1函1册	280.00	九州
157 演禽三世相法	宣纸线装1函2册	480.00	九州
158 合婚便览 和合婚姻咒 合刊	宣纸线装1函1册	280.00	九州
159 神数十种	宣纸线装1函1册	280.00	九州
160 神机灵数一掌经金钱课合刊	宣纸线装1函1册	280.00	九州
161 阴阳二宅易知录	宣纸线装1函2册	480.00	九州
162 阴宅镜	宣纸线装1函2册	480.00	九州
163 阳宅镜	宣纸线装1函1册	280.00	九州

书　　　名	作　　者	定　价	版别
164 清精抄本六圃地学	宣纸线装1函1册	280.00	九州
165 形峦神断书	宣纸线装1函1册	280.00	九州
166 堪舆三昧	宣纸线装1函1册	280.00	九州
167 遁甲奇门捷要	宣纸线装1函1册	280.00	九州
168 奇门遁甲备览	宣纸线装1函1册	280.00	九州
169 原传真本石室藏本圆光真传秘诀合刊	宣纸线装1函1册	280.00	九州
170 明抄全本壬归	宣纸线装1函4册	880.00	九州
171 董德彰水法秘诀水法断诀合刊	宣纸线装1函1册	280.00	九州
172 董德彰先生水法图说	宣纸线装1函1册	280.00	九州
173 董德彰先生泄天机纂要	宣纸线装1函2册	480.00	九州
174 李默斋先生地理秘传	宣纸线装1函2册	480.00	九州
175 新锓希夷陈先生紫微斗数全书	宣纸线装1函3册	680.00	九州
176 海源阁藏明刊麻衣相法全编	宣纸线装1函2册	480.00	九州
177 袁忠彻先生相法秘传	宣纸线装1函3册	680.00	九州
178 火珠林要旨 筮杙	宣纸线装1函2册	480.00	九州
179 火珠林占法秘传 续筮杙	宣纸线装1函1册	280.00	九州
180 六壬类聚	宣纸线装1函4册	880.00	九州
181 新刻麻衣相神异赋	宣纸线装1函1册	280.00	九州
182 诸葛武侯奇门遁甲全书	宣纸线装1函2册	480.00	九州
183 张九仪传地理偶摘	宣纸线装1函1册	280.00	九州
184 张九仪传地理偶注	宣纸线装1函1册	280.00	九州
185 阳宅玄珠	宣纸线装1函1册	280.00	九州
186 阴宅总论	宣纸线装1函1册	280.00	九州
187 新刻杨救贫秘传阴阳二宅便用统宗	宣纸线装1函1册	280.00	九州
188 增补理气图说	宣纸线装1函2册	480.00	九州
189 增补罗经图说	宣纸线装1函1册	280.00	九州
190 重镌官板阳宅大全	宣纸线装1函4册	880.00	九州
191 景祐太乙福应经	宣纸线装1函1册	280.00	九州
192 景祐遁甲符应经	宣纸线装1函1册	280.00	九州
193 景祐六壬神定经	宣纸线装1函1册	280.00	九州
194 御制禽遁符应经	宣纸线装1函2册	480.00	九州
195 秘传匠家鲁班经符法	宣纸线装1函3册	680.00	九州
196 哈佛藏本太史黄际飞注天玉经	宣纸线装1函1册	280.00	九州
197 李三素先生红囊经解	宣纸线装1函1册	280.00	九州
198 杨曾青囊天玉通义	宣纸线装1函1册	280.00	九州
199 重编大清钦天监焦秉贞彩绘历代推背图解	宣纸线装1函2册	680.00	九州

书 名	作 者	定 价	版别
200 道光初刻相理衡真	宣纸线装1函4册	880.00	九州
201 新刻袁柳庄先生秘传相法	宣纸线装1函3册	680.00	九州
202 袁忠彻相法古今识鉴	宣纸线装1函2册	480.00	九州
203 袁天纲五星三命指南	宣纸线装1函2册	480.00	九州
204 新刻五星玉镜	宣纸线装1函3册	680.00	九州
205 游艺录:筮遁壬行年斗数相宅	宣纸线装1函1册	280.00	九州
206 新订王氏罗经透解	宣纸线装1函2册	480.00	九州
207 堪舆真诠	宣纸线装1函3册	680.00	九州
208 青囊天机奥旨二种	宣纸线装1函1册	280.00	九州
209 张九仪传地理偶录	宣纸线装1函1册	280.00	九州
210 地学形势集	宣纸线装1函8册	1680.00	九州
重刻故宫藏百二汉镜斋秘书四种(一):火珠林	宣纸线装1函1册	300.00	华龄
重刻故宫藏百二汉镜斋秘书四种(二):灵棋经	宣纸线装1函1册	300.00	华龄
重刻故宫藏百二汉镜斋秘书四种(三):滴天髓	宣纸线装1函1册	3000.00	华龄
重刻故宫藏百二汉镜斋秘书四种(四):测字秘牒	宣纸线装1函1册	300.00	华龄
中外戏法图说:鹅幻汇编鹅幻余编合刊	宣纸线装1函3册	780.00	华龄
连山[宣纸线装一函一册]	[清]马国翰辑	280.00	华龄
归藏[宣纸线装一函一册]	[清]马国翰辑	280.00	华龄
周易虞氏义笺订[宣纸线装一函六册]	[清]李翊灼订	1180.00	华龄
周易参同契通真义	宣纸线装1函2册	480.00	华龄
御制周易[宣纸线装一函三册]	武英殿影宋本	680.00	华龄
宋刻周易本义[宣纸线装一函四册]	[宋]朱熹撰	980.00	华龄
易学启蒙[宣纸线装一函二册]	[宋]朱熹撰	480.00	华龄
易余[宣纸线装一函二册]	[明]方以智撰	480.00	九州
奇门鸣法[宣纸线装一函二册]	[清]龙伏山人撰	680.00	华龄
奇门衍象[宣纸线装一函二册]	[清]龙伏山人撰	480.00	华龄
奇门枢要[宣纸线装一函二册]	[清]龙伏山人撰	480.00	华龄
奇门仙机[宣纸线装一函三册]	王力军校订	298.00	华龄
奇门心法秘纂[宣纸线装一函三册]	王力军校订	298.00	华龄
御定奇门秘诀[宣纸线装一函三册]	[清]湖海居士辑	680.00	华龄
宫藏奇门大全[线装五函二十五册]	[清]湖海居士辑	6800.00	影印
遁甲奇门秘传要旨大全[线装二函十册]	[清]范阳耐寒子辑	6200.00	影印
增广神相全编[线装一函四册]	[明]袁珙订正	980.00	影印
龙伏山人存世文稿[宣纸线装五函十册]	[清]矫子阳撰	2800.00	九州
奇门遁甲鸣法[宣纸线装一函二册]	[清]矫子阳撰	680.00	九州
奇门遁甲衍象[宣纸线装一函二册]	[清]矫子阳撰	480.00	九州

书　　名	作　者	定　价	版别
奇门遁甲枢要[宣纸线装一函二册]	[清]矫子阳撰	480.00	九州
遁甲括囊集[宣纸线装一函三册]	[清]矫子阳撰	980.00	九州
增注蒋公古镜歌[宣纸线装一函一册]	[清]矫子阳撰	180.00	九州
明抄真本梅花易数[宣纸线装一函三册]	[宋]邵雍撰	480.00	九州
古本皇极经世书[宣纸线装一函三册]	[宋]邵雍撰	980.00	九州
订正六壬金口诀[宣纸线装一函六册]	[清]巫国匡辑	1280.00	华龄
六壬神课金口诀[宣纸线装一函三册]	[明]适适子撰	298.00	华龄
改良三命通会[宣纸线装一函四册,第二版]	[明]万民英撰	980.00	华龄
增补选择通书玉匣记[宣纸线装一函二册]	[晋]许逊撰	480.00	华龄
阳宅三要	宣纸线装1函3册	298.00	华龄
绘图全本鲁班经匠家镜	宣纸线装1函4册	680.00	华龄
青囊海角经	宣纸线装1函4册	680.00	华龄
菊逸山房天函:地理点穴撼龙经	宣纸线装1函3册	680.00	华龄
菊逸山房地函:秘藏疑龙经大全	宣纸线装1函1册	280.00	华龄
菊逸山房人函:杨公秘本山法备收	宣纸线装1函1册	280.00	华龄
珍本1:校正全本地学答问	宣纸线装1函3册	680.00	华龄
珍本2:赖仙原本催官经	宣纸线装1函1册	280.00	华龄
珍本3:赖仙催官篇注	宣纸线装1函1册	280.00	华龄
珍本4:尹注赖仙催官篇	宣纸线装1函1册	280.00	华龄
珍本5:赖仙心印	宣纸线装1函1册	280.00	华龄
珍本6:新刻赖太素天星催官解	宣纸线装1函2册	480.00	华龄
珍本7:天机秘传青囊内传	宣纸线装1函1册	280.00	华龄
珍本8:阳宅斗首连篇秘授	宣纸线装1函1册	280.00	华龄
珍本9:精刻编集阳宅真传秘诀	宣纸线装1函2册	480.00	华龄
珍本10:秘传全本六壬玉连环	宣纸线装1函2册	480.00	华龄
珍本11:秘传仙授奇门	宣纸线装1函2册	480.00	华龄
珍本12:祝由科诸符秘卷祝由科诸符秘旨合刊	宣纸线装1函2册	480.00	华龄
珍本13:校正古本入地眼图说	宣纸线装1函2册	480.00	华龄
珍本14:校正全本钻地眼图说	宣纸线装1函2册	480.00	华龄
珍本15:赖公七十二葬法	宣纸线装1函2册	480.00	华龄
珍本16:新刻杨筠松秘传开门放水阴阳捷径	宣纸线装1函2册	480.00	华龄
珍本17:校正古本地理五诀	宣纸线装1函2册	480.00	华龄
珍本18:重校古本地理雪心赋	宣纸线装1函2册	480.00	华龄
珍本19:宋国师吴景鸾先天后天理气心印补注	宣纸线装1函1册	280.00	华龄
珍本20:新刊宋国师吴景鸾秘传夹竹梅花院纂	宣纸线装1函2册	480.00	华龄
珍本21:影印原本任铁樵注滴天髓阐微	宣纸线装1函4册	980.00	华龄

书　　名	作　者	定　价	版别
增补四库青乌辑要[宣纸线装全18函59册]	郑同校	11680.00	九州
第1种:宅经[宣纸线装1册]	[署]黄帝撰	180.00	九州
第2种:葬书[宣纸线装1册]	[晋]郭璞撰	220.00	九州
第3种:青囊序青囊奥语天玉经[宣纸线装1册]	[唐]杨筠松撰	220.00	九州
第4种:黄囊经[宣纸线装1册]	[唐]杨筠松撰	220.00	九州
第5种:黑囊经[宣纸线装2册]	[唐]杨筠松撰	380.00	九州
第6种:锦囊经[宣纸线装1册]	[晋]郭璞撰	200.00	九州
第7种:天机贯旨红囊经[宣纸线装2册]	[清]李三素撰	380.00	九州
第8种:玉函天机素书/至宝经[宣纸线装1册]	[明]董德彰撰	200.00	九州
第9种:天机一贯[宣纸线装2册]	[清]李三素撰辑	380.00	九州
第10种:撼龙经[宣纸线装1册]	[唐]杨筠松撰	200.00	九州
第11种:疑龙经葬法倒杖[宣纸线装1册]	[唐]杨筠松撰	220.00	九州
第12种:疑龙经辨正[宣纸线装1册]	[唐]杨筠松撰	200.00	九州
第13种:寻龙记太华经[宣纸线装1册]	[唐]曾文辿撰	220.00	九州
第14种:宅谱要典[宣纸线装2册]	[清]铣溪野人校	380.00	九州
第15种:阳宅必用[宣纸线装2册]	心灯大师校订	380.00	九州
第16种:阳宅撮要[宣纸线装2册]	[清]吴鼒撰	380.00	九州
第17种:阳宅正宗[宣纸线装1册]	[清]姚承舆撰	200.00	九州
第18种:阳宅指掌[宣纸线装2册]	[清]黄海山人撰	380.00	九州
第19种:相宅新编[宣纸线装1册]	[清]焦循校刊	240.00	九州
第20种:阳宅井明[宣纸线装2册]	[清]邓颖出撰	380.00	九州
第21种:阴宅井明[宣纸线装1册]	[清]邓颖出撰	220.00	九州
第22种:灵城精义[宣纸线装2册]	[南唐]何溥撰	380.00	九州
第23种:龙穴砂水说[宣纸线装1册]	清抄秘本	180.00	九州
第24种:三元水法秘诀[宣纸线装2册]	清抄秘本	380.00	九州
第25种:罗经秘传[宣纸线装2册]	[清]傅禹辑	380.00	九州
第26种:穿山透地真传[宣纸线装2册]	[清]张九仪撰	380.00	九州
第27种:催官篇发微论[宣纸线装2册]	[宋]赖文俊撰	380.00	九州
第28种:入地眼神断要诀[宣纸线装2册]	清抄秘本	380.00	九州
第29种:玄空大卦秘断[宣纸线装1册]	清抄秘本	200.00	九州
第30种:玄空大五行真传口诀[宣纸线装1册]	[明]蒋大鸿等撰	220.00	九州
第31种:杨曾九宫颠倒打劫图说[宣纸线装1册]	[唐]杨筠松撰	200.00	九州
第32种:乌兔经奇验经[宣纸线装1册]	[唐]杨筠松撰	180.00	九州
第33种:挨星考注[宣纸线装1册]	[清]汪董缘订定	260.00	九州
第34种:地理挨星说汇要[宣纸线装1册]	[明]蒋大鸿撰辑	220.00	九州
第35种:地理捷诀[宣纸线装1册]	[清]傅禹辑	200.00	九州

书　名	作　者	定　价	版别
第36种:地理三仙秘旨[宣纸线装1册]	清抄秘本	200.00	九州
第37种:地理三字经[宣纸线装3册]	[清]程思乐撰	580.00	九州
第38种:地理雪心赋注解[宣纸线装2册]	[唐]卜则崴撰	380.00	九州
第39种:蒋公天元余义[宣纸线装1册]	[明]蒋大鸿等撰	220.00	九州
第40种:地理真传秘旨[宣纸线装3册]	[唐]杨筠松撰	580.00	九州
增补四库未收方术汇刊第一辑(全28函)	线装影印本	11800.00	九州
第一辑01函:火珠林·卜筮正宗	[宋]麻衣道者著	340.00	九州
第一辑02函:全本增删卜易·增删卜易真诠	[清]野鹤老人撰	720.00	九州
第一辑03函:渊海子平音义评注·子平真诠·命理易知	[明]杨淙增校	360.00	九州
第一辑04函:滴天髓:附滴天秘诀·穷通宝鉴:附月谈赋	[宋]京图撰	360.00	九州
第一辑05函:参星秘要诹吉便览·玉函斗首三台通书·精校三元总录	[清]俞荣宽撰	460.00	九州
第一辑06函:陈子性藏书	[清]陈应选撰	580.00	九州
第一辑07函:崇正辟谬永吉通书·选择求真	[清]李奉来辑	500.00	九州
第一辑08函:增补选择通书玉匣记·永宁通书	[晋]许逊撰	400.00	九州
第一辑09函:新增阳宅爱众篇	[清]张觉正撰	480.00	九州
第一辑10函:地理四弹子·地理铅弹子砂水要诀	[清]张九仪注	320.00	九州
第一辑11函:地理五诀	[清]赵九峰著	200.00	九州
第一辑12函:地理直指原真	[清]释如玉撰	280.00	九州
第一辑13函:宫藏真本入地眼全书	[宋]释静道著	680.00	九州
第一辑14函:罗经顶门针·罗经解定·罗经透解	[明]徐之镆撰	360.00	九州
第一辑15函:校正详图青囊经·平砂玉尺经·地理辨正疏	[清]王宗臣著	300.00	九州
第一辑16函:一贯堪舆	[明]唐世友辑	240.00	九州
第一辑17函:阳宅大全·阳宅十书	[明]一壑居士集	600.00	九州
第一辑18函:阳宅大成五种	[清]魏青江撰	600.00	九州
第一辑19函:奇门五总龟·奇门遁甲统宗大全·奇门遁甲元灵经	[明]池纪撰	500.00	九州
第一辑20函:奇门遁甲秘笈全书	[明]刘伯溫辑	280.00	九州
第一辑21函:奇门庐中阐秘	[汉]诸葛武侯撰	600.00	九州
第一辑22函:奇门遁甲元机·太乙秘书·六壬大占	[宋]岳珂纂辑	360.00	九州
第一辑23函:性命圭旨	[明]尹真人撰	480.00	九州
第一辑24函:紫微斗数全书	[宋]陈抟撰	200.00	九州
第一辑25函:千镇百镇桃花镇	[清]云石道人校	220.00	九州
第一辑26函:清抄真本祝由科秘诀全书·轩辕碑记医学祝由十三科	[上古]黄帝传	800.00	九州
第一辑27函:增补秘传万法归宗	[唐]李淳风撰	160.00	九州

书　名	作　者	定　价	版别
第一辑28函:神机灵数一掌经金钱课·牙牌神数七种·珍本演禽三世相法	[清]诚文信校	440.00	九州
增补四库未收方术汇刊第二辑(全36函)	线装影印本	13800.00	九州
第二辑第1函:六爻断易一撮金·卜易秘诀海底眼	[宋]邵雍撰	200.00	九州
第二辑第2函:秘传子平渊源	燕山郑同校辑	280.00	九州
第二辑第3函:命理探原	[清]袁树珊撰	280.00	九州
第二辑第4函:命理正宗	[明]张楠撰集	180.00	九州
第二辑第5函:造化玄钥	庄圆校补	220.00	九州
第二辑第6函:命理寻源·子平管见	[清]徐乐吾撰	280.00	九州
第二辑第7函:京本风鉴相法	[明]回阳子校辑	380.00	九州
第二辑第8—9函:钦定协纪辨方书8册	[清]允禄编	780.00	九州
第二辑第10—11函:鳌头通书10册	[明]熊宗立撰辑	880.00	九州
第二辑第12—13函:象吉通书	[清]魏明远撰辑	1080.00	九州
第二辑第14函:选择宗镜·选择纪要	[朝鲜]南秉吉撰	360.00	九州
第二辑第15函:选择正宗	[清]顾宗秀撰辑	480.00	九州
第二辑第16函:仪度六壬选日要诀	[清]张九仪撰	680.00	九州
第二辑第17函:葬事择日法	郑同校辑	280.00	九州
第二辑第18函:地理不求人	[清]吴明初撰辑	240.00	九州
第二辑第19函:地理大成一:山法全书	[清]叶九升撰	680.00	九州
第二辑第20函:地理大成二:平阳全书	[清]叶九升撰	360.00	九州
第二辑第21函:地理大成三:地理六经注·地理大成四:罗经指南拔雾集·地理大成五:理气四诀	[清]叶九升撰	300.00	九州
第二辑第22函:地理录要	[明]蒋大鸿撰	480.00	九州
第二辑第23函:地理人子须知	[明]徐善继撰	480.00	九州
第二辑第24函:地理四秘全书	[清]尹一勺撰	380.00	九州
第二辑第25—26函:地理天机会元	[明]顾陵冈辑	1080.00	九州
第二辑第27函:地理正宗	[清]蒋宗城校订	280.00	九州
第二辑第28函:全图鲁班经	[明]午荣编	280.00	九州
第二辑第29函:秘传水龙经	[明]蒋大鸿撰	480.00	九州
第二辑第30函:阳宅集成	[清]姚廷銮纂	480.00	九州
第二辑第31函:阴宅集要	[清]姚廷銮纂	240.00	九州
第二辑第32函:辰州符咒大全	[清]觉玄子辑	480.00	九州
第二辑第33函:三元镇宅灵符秘箓·太上洞玄祛病灵符全书	[明]张宇初编	240.00	九州
第二辑第34函:太上混元祈福解灾三部神符	[明]张宇初编	360.00	九州
第二辑第35函:测字秘牒·先天易数·冲天易数/马前课	[清]程省撰	360.00	九州
第二辑第36函:秘传紫微	古朝鲜抄本	240.00	九州

书　名	作　者	定　价	版别
子平遗书第1辑(甲子至戊辰,全三册)	精装古本影印	980.00	华龄
子平遗书第2辑(庚午至甲戌,全三册)	精装古本影印	980.00	华龄
子平遗书第3辑(乙亥至戊子,全三册)	精装古本影印	980.00	华龄
子平遗书第4辑(庚寅至庚子,全三册)	精装古本影印	980.00	华龄
子平遗书第5辑(辛丑至癸丑,全三册)	精装古本影印	980.00	华龄
子平遗书第6辑(甲寅至辛酉,全三册)	精装古本影印	980.00	华龄
子部善本1:新刊地理玄珠	精装古本影印	380.00	华龄
子部善本2:参赞玄机地理仙婆集	精装古本影印	380.00	华龄
子部善本3:章仲山地理九种(上下)	精装古本影印	760.00	华龄
子部善本4:八门九星阴阳二遁全本奇门断	精装古本影印	760.00	华龄
子部善本5:六壬统宗大全	精装古本影印	380.00	华龄
子部善本6:太乙统宗宝鉴	精装古本影印	380.00	华龄
子部善本7:重刊星海词林(全五册)	精装古本影印	1900.00	华龄
子部善本8:万历初刻三命通会(上下)	精装古本影印	760.00	华龄
子部善本9:增广沈氏玄空学(上下)	精装古本影印	760.00	华龄
子部善本10:江公择日秘稿	精装古本影印	380.00	华龄
子部善本11:刘氏家藏阐微通书(上下)	精装古本影印	760.00	华龄
子部善本12:影印增补高岛易断(上下)	精装古本影印	760.00	华龄
子部善本13:清刻足本铁板神数	精装古本影印	380.00	华龄
子部善本14:增订天官五星集腋(上下)	精装古本影印	760.00	华龄
子部善本15:太乙奇门六壬兵备统宗(上中下)	精装古本影印	1140.00	华龄
子部善本16:御定景祐奇门大全(上下)	精装古本影印	760.00	华龄
子部善本17:地理四秘全书十二种	精装古本影印	380.00	华龄
子部善本18:全本地理统一全书	精装古本影印	380.00	华龄
风水择吉第一书:辨方(精装)	李明清著	168.00	华龄
珞琭子三命消息赋古注通疏(精装上下)	一明注疏	188.00	华龄
增补高岛易断(简体横排精装上下)	(清)王治本编译	198.00	华龄
飞盘奇门:鸣法体系校释(精装上下)	刘金亮撰	198.00	九州
白话高岛易断(上下)	孙正治孙奥麟译	128.00	九州
润德堂丛书全编1:述卜筮星相学	袁树珊著	38.00	华龄
润德堂丛书全编2:命理探原	袁树珊著	38.00	华龄
润德堂丛书全编3:命谱	袁树珊著	68.00	华龄
润德堂丛书全编4:大六壬探原 养生三要	袁树珊著	38.00	华龄
润德堂丛书全编5:中西相人探原	袁树珊著	38.00	华龄
润德堂丛书全编6:选吉探原 八字万年历	袁树珊著	38.00	华龄
润德堂丛书全编7:中国历代卜人传(上中下)	袁树珊著	168.00	华龄

书　　名	作　者	定　价	版别
三式汇刊1:大六壬口诀纂	[明]林昌长辑	68.00	华龄
三式汇刊2:大六壬集应钤	[明]黄宾廷撰	198.00	华龄
三式汇刊3:奇门大全秘纂	[清]湖海居士撰	68.00	华龄
三式汇刊4:大六壬总归	[宋]郭子晟撰	58.00	华龄
青囊汇刊1:青囊秘要	[晋]郭璞等撰	48.00	华龄
青囊汇刊2:青囊海角经	[晋]郭璞等撰	48.00	华龄
青囊汇刊3:阳宅十书	[明]王君荣撰	48.00	华龄
青囊汇刊4:秘传水龙经	[明]蒋大鸿撰	68.00	华龄
青囊汇刊5:管氏地理指蒙	[三国]管辂撰	48.00	华龄
青囊汇刊6:地理山洋指迷	[明]周景一撰	32.00	华龄
青囊汇刊7:地学答问	[清]魏清江撰	58.00	华龄
青囊汇刊8:地理铅弹子砂水要诀	[清]张九仪撰	68.00	华龄
子平汇刊1:渊海子平大全	[宋]徐子平撰	48.00	华龄
子平汇刊2:秘本子平真诠	[清]沈孝瞻撰	38.00	华龄
子平汇刊3:命理金鉴	[清]志于道撰	38.00	华龄
子平汇刊4:秘授滴天髓阐微	[清]任铁樵注	48.00	华龄
子平汇刊5:穷通宝鉴评注	[清]徐乐吾注	48.00	华龄
子平汇刊6:神峰通考命理正宗	[明]张楠撰	38.00	华龄
子平汇刊7:新校命理探原	[清]袁树珊撰	48.00	华龄
子平汇刊8:重校绘图袁氏命谱	[清]袁树珊撰	68.00	华龄
子平汇刊9:增广汇校三命通会(全三册)	[明]万民英撰	168.00	华龄
纳甲汇刊1:校正全本增删卜易	郑同点校	68.00	华龄
纳甲汇刊2:校正全本卜筮正宗	郑同点校	48.00	华龄
纳甲汇刊3:校正全本易隐	郑同点校	48.00	华龄
纳甲汇刊4:校正全本易冒	郑同点校	48.00	华龄
纳甲汇刊5:校正全本易林补遗	郑同点校	38.00	华龄
纳甲汇刊6:校正全本卜筮全书	郑同点校	68.00	华龄
古今图书集成术数丛刊:卜筮(全二册)	[清]陈梦雷辑	80.00	华龄
古今图书集成术数丛刊:堪舆(全二册)	[清]陈梦雷辑	120.00	华龄
古今图书集成术数丛刊:相术(全一册)	[清]陈梦雷辑	60.00	华龄
古今图书集成术数丛刊:选择(全一册)	[清]陈梦雷辑	50.00	华龄
古今图书集成术数丛刊:星命(全三册)	[清]陈梦雷辑	180.00	华龄
古今图书集成术数丛刊:术数(全三册)	[清]陈梦雷辑	200.00	华龄
四库全书术数初集(全四册)	郑同点校	200.00	华龄
四库全书术数二集(全三册)	郑同点校	150.00	华龄
四库全书术数三集:钦定协纪辨方书(全二册)	郑同点校	98.00	华龄

书　名	作　者	定　价	版别
增补鳌头通书大全(全三册)	[明]熊宗立撰辑	180.00	华龄
增补象吉备要通书大全(全三册)	[清]魏明远撰辑	180.00	华龄
增广沈氏玄空学	郑同点校	68.00	华龄
地理点穴撼龙经	郑同点校	32.00	华龄
绘图地理人子须知(上下)	郑同点校	78.00	华龄
玉函通秘	郑同点校	48.00	华龄
绘图入地眼全书	郑同点校	28.00	华龄
绘图地理五诀	郑同点校	48.00	华龄
一本书弄懂风水	郑同著	48.00	华龄
风水罗盘全解	傅洪光著	58.00	华龄
堪舆精论	胡一鸣著	29.80	华龄
堪舆的秘密	宝通著	36.00	华龄
中国风水学初探	曾涌哲	58.00	华龄
全息太乙(修订版)	李德润著	68.00	华龄
时空太乙(修订版)	李德润著	68.00	华龄
故宫珍本六壬三书(上下)	张越点校	128.00	华龄
大六壬通解(全三册)	叶飘然著	168.00	华龄
壬占汇选(精抄历代六壬占验汇选)	肖岱宗点校	48.00	华龄
大六壬指南	郑同点校	28.00	华龄
六壬金口诀指玄	郑同点校	28.00	华龄
大六壬寻源编[全三册]	[清]周螭辑录	180.00	华龄
六壬辨疑　毕法案录	郑同点校	32.00	华龄
时空太乙(修订版)	李德润著	68.00	华龄
全息太乙(修订版)	李德润著	68.00	华龄
大六壬断案疏证	刘科乐著	58.00	华龄
六壬时空	刘科乐著	68.00	华龄
御定奇门宝鉴	郑同点校	58.00	华龄
御定奇门阳遁九局	郑同点校	78.00	华龄
御定奇门阴遁九局	郑同点校	78.00	华龄
奇门秘占合编:奇门庐中阐秘·四季开门	[汉]诸葛亮撰	68.00	华龄
奇门探索录	郑同编订	38.00	华龄
奇门遁甲秘笈大全	郑同点校	48.00	华龄
奇门旨归	郑同点校	48.00	华龄
奇门法窍	[清]锡孟樨撰	48.00	华龄
奇门精粹——奇门遁甲典籍大全	郑同点校	68.00	华龄
御定子平	郑同点校	48.00	华龄

书　　名	作　者	定　价	版别
增补星平会海全书	郑同点校	68.00	华龄
五行精纪：命理通考五行渊微	郑同点校	38.00	华龄
绘图三元总录	郑同编校	48.00	华龄
绘图全本玉匣记	郑同编校	32.00	华龄
周易初步：易学基础知识36讲	张绍金著	32.00	华龄
周易与中医养生：医易心法	成铁智著	32.00	华龄
梅花心易阐微	[清]杨体仁撰	48.00	华龄
梅花易数讲义	郑同著	58.00	华龄
白话梅花易数	郑同编著	30.00	华龄
梅花周易数全集	郑同点校	58.00	华龄
一本书读懂易经	郑同著	38.00	华龄
白话易经	郑同编著	38.00	华龄
知易术数学：开启术数之门	赵知易著	48.00	华龄
术数入门——奇门遁甲与京氏易学	王居恭著	48.00	华龄
周易虞氏义笺订（上下）	[清]李翊灼校订	78.00	九州
阴阳五要奇书	[晋]郭璞撰	88.00	九州
壬奇要略（全5册：大六壬集应钤3册，大六壬口诀纂1册，御定奇门秘纂1册）	肖岱宗郑同点校	300.00	九州
周易明义	邸勇强著	73.00	九州
论语明义	邸勇强著	37.00	九州
中国风水史	傅洪光撰	32.00	九州
古本催官篇集注	李佳明校注	48.00	九州
鲁班经讲义	傅洪光著	48.00	九州
天星姓名学	侯景波著	38.00	燕山
解梦书	郑同、傅洪光著	58.00	燕山

周易书斋是国内最大的易学术数类图书邮购服务的专业书店，成立于2001年，现有易学及术数类图书现货6000余种，在海内外易学研究者中有着巨大的影响力。通讯地址：北京市102488信箱58分箱　邮编：102488　王兰梅收。

1、学易斋官方旗舰店网址：xyz888.jd.com　微信号：xyz15652026606
2、联系人：王兰梅　电话：13716780854，15652026606，(010)89360046
3、邮购费用固定，不论册数多少，每次收费7元。
4、银行汇款：户名：**王兰梅**。
　　邮政：601006359200109796　农行：6228480010308994218
　　工行：0200299001020728724　建行：1100579980130074603
　　交行：6222600910053875983　支付宝：13716780854
5、QQ：(周易书斋2)2839202242；QQ群：(周易书斋书友会)140125362。

北京周易书斋敬启